Uta Over

So pflege ich mein Pferd

WISSEN
RUND UM
PFERDE

SCHNEIDER
BUCH

Die Deutsche Bibliothek – CIP-Einheitsaufnahme

Over, Uta:
So pflege ich mein Pferd : Wissen rund um Pferde / Uta Over.
[Zeichn.: Heike Erdin]. – München : F. Schneider, 1995
   ISBN 3-505-10103-6

Dieses Buch wurde auf chlorfreies,
umweltfreundlich hergestelltes
Papier gedruckt.

© 1995 by Franz Schneider Verlag GmbH
Schleißheimer Straße 267, 80809 München
Alle Rechte vorbehalten
Titelfoto: Wilfried Beuerle
Umschlaggestaltung: Claudia Wolfrath
Zeichnungen: Heike Erdin
Lektorat: Carola Nowak
Herstellung/Satz: FIBO Lichtsatz GmbH, München
Druck/Bindung: Ludwig Auer GmbH, Donauwörth
ISBN: 3-505-10103-6

INHALT

Pferdepflege in der Natur

Zur Pferdepflege in der Natur gehört das
gegenseitige Beknabbern

WIE LEBEN PFERDE IN DER NATUR?

Pferde sind Fluchttiere, die in Herden leben. In Freiheit sind sie den ganzen Tag damit beschäftigt, Futter zu suchen und zu fressen.

Die Futterstellen in der Natur sind meist nicht sehr üppig; deshalb müssen die Pferde umherwandern und sich mal hier ein Grasbüschel suchen, mal dort einen zarten Ast abknabbern. Sie fressen also immer in kleinen Happen. Nur selten grasen sie wochenlang an einer Stelle.

Je nach Jahreszeit durchstreifen freilebende Pferde ganz unterschiedliche Gebiete mit wechselnden Bodenbeschaffenheiten. Bei Regen beispielsweise ziehen die Pferde sich gern dorthin zurück, wo sie nicht im Matsch stehen; und in heißen Sommern findet man sie unter schattigen Bäumen, falls es die in der Region gibt.

Immer aber sind Pferde sehr sauber. Niemals fressen sie an den Stellen, an denen sie Kot absetzen – und niemals würden sie sich dort wälzen. Ihre Wälzplätze befinden sich immer auf sauberem Boden oder im flachen Gras.

SONNE, REGEN, WIND

Freilebende Pferde sind das ganze Jahr über Tag und Nacht den natürlichen Witterungsbedingungen ausgesetzt.

Sonne, Regen und Wind sind die wichtigsten „Pflegemittel" der Pferde in der Natur. Die Sonne wärmt das Fell und regt sein Wachstum an. Der Regen spendet ab und zu die nötige Feuchtigkeit, und der Wind streicht durch das Fell und weht zum Beispiel abgestorbene Hautteilchen und Schmutz fort.

TIP
Sonne, Regen und Wind sind wichtig für Pferde. Ihr solltet euer Pferd also sooft wie möglich aus der Box holen und es im Auslauf oder auf der Weide Sonne, Regen und Wind spüren lassen.

WARUM PFLEGEN PFERDE IHR FELL?

Wir Menschen putzen unsere Pferde manchmal auch, damit sie beispielsweise für ein Turnier oder einen Festtag besonders schön aussehen.

Pferden ist diese Art der „Schönheitspflege" fremd. Sie pflegen ihr Fell dann, wenn es Pflege braucht: wenn es verklebt oder verschmutzt ist, oder wenn das Pferd stark geschwitzt hat.

Der Schönheit wegen wälzt sich kein Pferd; und kein Pferd käme auf die Idee, seinem Weidegenossen deshalb das Fell zu beknabbern, damit es hübscher aussieht. Pferde kratzen, beknabbern und wälzen sich nur dann, wenn das Fell juckt.

GROSSES PUTZEN ZWEIMAL IM JAHR

Zweimal im Jahr sind die Pferde dem **Fellwechsel** unterworfen: Im Herbst bekommen sie ein dickes, warmes Winterfell, und im Frühjahr werfen sie diesen Winterpelz wieder ab. Sonst würden sie im Sommer ständig schwitzen!

In den Zeiten des Fellwechsels pflegen die Pferde ihr Fell besonders intensiv durch Wälzen oder gegenseitiges Beknabbern. Die Haut juckt nämlich, wenn neues Fell wächst oder altes Fell abgestoßen wird. Deshalb kratzen die Pferde sich instinktiv, und dabei massieren sie ihre Haut und beschleunigen dadurch den Fellwechsel.

TIP
Kratzt euer Pferd doch mal sanft mit den Fingernägeln am Widerrist oder am Mähnenkamm. Das sind nämlich Stellen, an denen das Pferd sich schlecht selbst kratzen kann.

Schon Fohlen kennen das angenehme Gefühl, von ihren Müttern zärtlich beknabbert zu werden. Irgendwann einmal beknabbern sie selbst spielerisch ein anderes Pferd – und das Pferd macht dasselbe bei ihnen! Eine weitere wichtige Erfahrung machen die Fohlen, wenn sie sich das erste Mal wälzen: Sie merken, wie herrlich es ist, wenn man sich auf den Boden legt und sich die Haut schubbert.

Einmal ausprobiert – fürs Leben gelernt! Ab jetzt wissen die jungen Pferde, wie man sich hilft, wenn's juckt.

WÄLZPLATZ UND SCHUBBERBAUM

Wenn man Pferde in freier Natur oder auf der Weide beobachtet, kann man feststellen, daß sie eine bestimmte Stelle zum Wälzen haben. An diesem **Wälzplatz** wälzt sich manchmal sogar ein Pferd nach dem anderen.

Warum? Weil das ein besonders guter Platz ist? – Nein, es hat einen anderen Grund: Zuerst wälzt sich meistens ein älteres, erfahrenes Pferd. Es betrachtet die Stelle genau, beriecht sie und

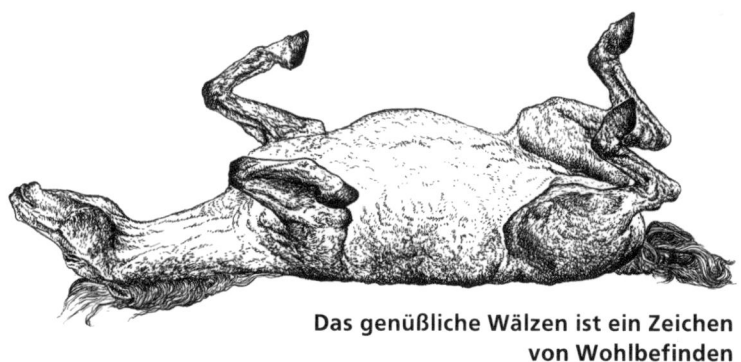

Pferdepflege in der Natur

Das genüßliche Wälzen ist ein Zeichen
von Wohlbefinden

scharrt manchmal sogar mit den Hufen, um zu prüfen, ob der Boden auch sicher ist. Dann dreht sich das Pferd oft noch ein paarmal um sich selbst, um die richtige Lage zum „Fallenlassen" zu finden. Und erst nach dieser umständlichen Prozedur läßt es sich mit einem Plumps auf den Boden fallen und wälzt sich genüßlich. Manchmal dreht es sich über den Rücken noch auf die andere Körperseite und schubbert auch die.

Wenn das Pferd wieder aufsteht, stemmt es zuerst den Oberkörper hoch und springt dann auf alle viere. Danach folgt ein gründliches Schütteln, das den oberflächlichen Schmutz aus dem Fell schleudert.

TIP

Schimpft nicht, wenn euer Pferd sich wälzt: Das ist ein Zeichen von Wohlbefinden! Und der Dreck ist schnell wieder aus dem Fell geputzt, wenn er getrocknet ist.

Die anderen Pferde schauen meist interessiert zu – und dann geht eines nach dem anderen zu der Stelle, an der sich das erste Pferd gewälzt hat. Diese Stelle hat sich als gut erwiesen, hier ist „gut Wälzen" – und das tun die Pferde dann auch der Reihe nach. Dabei wird die Rangfolge in der Herde genau eingehalten. Anders ist es mit dem **Schubberbaum** oder **Schubberpfahl**. Da paßt nicht jeder Baum zu jedem Pferd. Kleine Fohlen reiben sich ihren Rücken gern an einem überhängenden Ast. Manche Pferde suchen sich geschickt ein Astende aus, mit dem sie eine ganz bestimmte Stelle am Körper kratzen können. Und im Fellwechsel ist ein dicker Baumstamm bestens dazu geeignet, das alte Fell abzuscheuern. In diesen Zeiten sieht man manchmal Baumstämme, an deren Rinde eine dicke Schicht Pferdehaar hängt. Diese Haare holen sich dann oft die Vögel zum Nestbau.

TIP
Ein stabiler Schubberpfahl im Auslauf oder auf der Weide wird von Pferden gern benutzt. Er muß aber ganz fest im Boden verankert sein. Wenn man geschickt ist, kann man an einer Seite eine harte Bürste befestigen. Ihr werdet sehen, wie gern die Pferde sich daran kratzen.

AUTOMATISCHE HUFPFLEGE

Freilebende Pferde brauchen keinen Hufschmied. Je nach der Bodenbeschaffenheit in ihrer Heimat haben sich ihre Hufe im Laufe von Jahrhunderten dem Untergrund angepaßt: Arabische Pferde beispielsweise haben kleine harte Hufe, mit denen sie gut auf trockenen Böden gehen können. Die Kaltblutpferde dagegen, die seit Jahrhunderten auf satten Weiden leben und auf Feldern mit schweren, tiefen Böden arbeiten, haben richtige „Moortreter": sehr breite und große Hufe.

Die Hufpflege ist von der Natur einfach phantastisch eingerichtet worden: Das Hufhorn wächst von selbst, und bei den weiten Wanderungen der freilebenden Pferde schmirgeln sich die Hufe beim Laufen immer wieder ab. Wenn man sich einmal Hufe von Wildpferden ansieht, staunt man, wie gleichmäßig rund sie sind – wie vom besten Schmied ausgeschnitten!

Damit der Huf geschmeidig bleibt, braucht er Feuchtigkeit. Wir spritzen unseren Pferden die Hufe regelmäßig ab. In der Natur ist das viel besser geregelt: Morgens stehen die Pferde im taunassen Gras, und auch beim Trinken an Flüssen und Seen kommen die Hufe mit Wasser in Berührung. Dadurch wird dem Huf automatisch genügend Feuchtigkeit zugeführt.

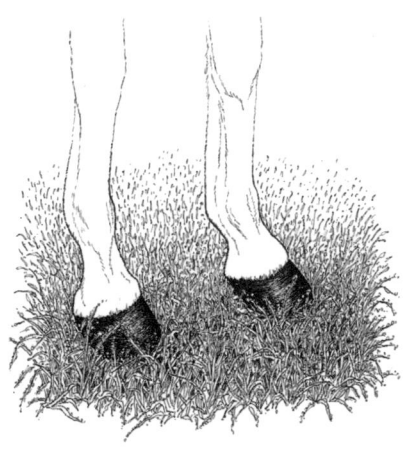

Das taunasse Gras führt den Hufen freilebender Pferde Feuchtigkeit zu

Wieviel Pflege brauchen Pferde?

Verschwitzte
Pferde müssen
trockengeführt
und anschließend
gründlich
geputzt werden

Wildpferde brauchen keine Fell- und Hufpflege durch den Menschen. Im vorigen Kapitel konntet ihr lesen, daß das in der Natur alles geregelt ist: Die Pferde pflegen sich selbst oder werden vom Wind, von der Sonne und vom Regen gepflegt.

Anders ist es aber bei Pferden, die bei den Menschen leben. Diese Pferde haben meist nicht die Möglichkeit, sich in großen Herden frei zu bewegen. Deshalb können sie sich zum Beispiel nicht einfach gegenseitig das Fell kraulen oder sich wälzen, wenn es juckt.

Außerdem lassen wir die Pferde ja für uns arbeiten – auch deshalb brauchen sie eine andere Pflege als Pferde in der freien Natur.

EINMAL TÄGLICH SCHWITZEN

Sei es das Freizeitpferd, das Dressur- oder Springpferd oder das Pferd vor der Kutsche: Sie alle müssen für die Menschen arbeiten, und sie alle schwitzen bei der Arbeit.

Wildpferde hingegen schwitzen nur äußerst selten. Es kommt fast nie vor, daß eine Herde so lange rennt, bis die Pferde schweißnaß sind. Das ist für die Wildpferde eine absolute Ausnahmesituation – meist dann, wenn die Herde auf der Flucht vor einem Raubtier ist.

Domestizierte Pferde – also Pferde, die bei den Menschen leben – schwitzen dagegen meist einmal am Tag bei der Arbeit. Das ist ein grundlegender Unterschied. Einmal täglich fließt aus den vielen tausend Poren der Haut Schweiß, der das Fell durchnäßt. Das Fell verklebt dann und kann neuen Schweiß nicht mehr durchlassen: Das verklebte Fell bildet eine Art undurchlässige

Decke über dem Pferd, und die Haut kann nicht mehr atmen.
Dies geschieht bei Wildpferden sehr selten – und wenn es doch
geschehen ist, finden sie mit Sicherheit einen Platz, an dem sie
sich wälzen und den Schweiß aus dem Fell schubbern können.
Wind und Regen tun ein übriges, und so ist die Haut bald wieder
sauber und das Fell glänzend.

Pferdeboxen sind jedoch meist ziemlich klein, und nur wenige
Pferde trauen sich, sich dort zu wälzen. Außerdem würde das
nicht ausreichen, um das verklebte Fell zu säubern. Denn wenn
die Haut einmal täglich auf Hochtouren arbeiten muß, muß sie
schon gründlicher gereinigt werden, als das durch Wälzen geschehen kann.

Wenn wir die Pferde also reiten oder vor den Wagen spannen,
wenn wir sie nutzen und für uns arbeiten lassen, dann müssen
wir auch die Spuren der Arbeit „beseitigen", das Pferd also von
Schweiß und Schmutz befreien.

HUFPFLEGE MUSS SEIN

Wildpferde laufen ihre Hufe gleichmäßig ab. Ganz anders die
Reit- und Fahrpferde. Sie müssen oft auf Wegen oder Plätzen arbeiten, auf denen sich ihre Hufe schneller abreiben als das Horn
nachwächst. Also müssen wir sie durch Hufeisen schützen.

TIP
**Geht ruhig beim Reiten mit dem Pferd durch Pfützen.
Dadurch wird den Hufen natürliche Feuchtigkeit zu-
geführt, und ihr spart euch das lange Abspritzen der
Hufe.**

Der Huf des Wildpferdes ist meistens ziemlich flach abgelaufen und gerade abgeschliffen; hier kann sich kaum ein Stein festklemmen.

In den Ecken und Kanten, die sich durch das Ausschneiden der Hufe und den Hufbeschlag bilden, setzen sich aber oftmals kleine Steine fest. Sie müssen regelmäßig entfernt werden; sonst gibt es Druckstellen, die für das Pferd sehr schmerzhaft sein können. Daraus können sogar Hufgeschwüre entstehen, die dem Pferd sehr weh tun. Sie zeigen sich durch plötzliches starkes Lahmen und müssen vom Tierarzt behandelt werden.

PFLEGE AUS LIEBE ZUM PFERD

Wir reiten unsere Pferde in unserer Freizeit – in der Reithalle, im Gelände oder auf dem Turnier. Für die Pferde ist das alles harte Arbeit: Sie strengen sich für uns an, schwitzen und sind nach dem Reiten müde.

Wenn wir unsere Pferde lieben, dann versorgen wir sie auch. Wir geben ihnen einen schönen Stall, genügend Auslauf und gutes Futter. Und genauso wie das alles sollte auch die sorgfältige Pflege des Fells und der Hufe selbstverständlich sein. Denn ein vom Schweiß verklebtes Fell ist für das Pferd unangenehm, zu lange Hufe oder Hufe mit verkanteten Steinen darin tun ihm sogar weh.

Das Wildpferd braucht uns nicht. Wir Menschen aber haben in vielen tausend Jahren die Pferde zahm gemacht und sie gezüchtet. Wir lassen diese schönen Tiere für uns arbeiten, und wir sind ihnen schuldig, daß wir sie auch pflegen – wenn wir ihnen schon die Freiheit genommen haben, das selbst zu tun!

WANN PUTZT MAN?

Natürlich ist es Blödsinn, sein Pferd abends zu putzen, wenn man es am nächsten Morgen reiten will: Vermutlich legt es sich nachts noch mal hin und hat dann morgens Staub oder kleine Dreckklumpen im Fell und Stroh in der Mähne.

Es ist auch nicht besonders nett, ein Pferd ausgerechnet dann zum Putzen zu holen, wenn es im Stall gerade Futter gibt. Auch während des Fressens sollte man ein Pferd nicht putzen. Fressen ist eine wichtige Angelegenheit für die Pferde. Sie schlingen ihr Futter ja nicht wie die Hunde schnell herunter, sondern kauen jeden Bissen sorgfältig und langsam. Dabei solltet ihr sie nicht stören.

Pferde haben wenig Sinn dafür, wenn ihr sie mitten aus einer Mahlzeit herausholt und zum Putzplatz führt. Euren Gedanken, das Pferd könne ja später weiterfressen, begreift das Pferd nicht. Es sieht nur, daß es vom Fressen wegmuß. Und das mag kein Pferd – logisch!

In den meisten großen Ställen werden die Pferde nach der Morgenmahlzeit und vor dem Reiten geputzt. Das ist auch am besten.

PUTZEN VOR DEM REITEN

Vor dem Reiten müssen auf jeden Fall alle Stellen am Pferdekörper absolut sauber sein, auf die das Sattel- und Zaumzeug Druck ausübt: also der Rücken und der Bauch dort, wo der Bauchgurt verläuft; dann der Kopf, an dem das Kopfstück ja sehr eng anliegt; und bei denjenigen Pferden, die Gamaschen tragen, auch die Beine. Alle Stellen, an denen etwas drücken, zwicken oder reiben kann, müssen absolut sauber sein. Sonst kann durch Schmutzpartikelchen eine Verletzung entstehen, die dem Pferd Schmerzen bereitet.

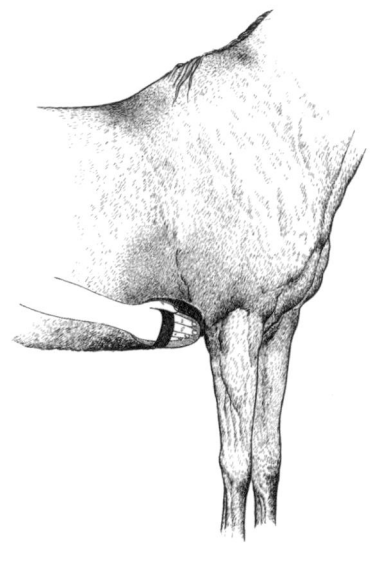

Alle Stellen, an denen Druck entstehen kann – also auch die Gurtlage –, müssen gründlich gesäubert werden

Satteldruck beispielsweise kann nicht nur durch einen unpassenden Sattel entstehen; die Ursache kann auch eine verschmutzte Hautstelle sein, auf die man den Sattel gelegt hat. Natürlich reitet niemand gern mit einem Pferd aus, das sich gerade im Lehm gewälzt hat. Wenn es allerdings mal nicht anders geht, ist das kein Drama – auch wenn es nicht gerade schön aussieht. Nur die eventuellen Druckstellen müssen sauber sein, daran führt kein Weg vorbei. Außerdem müssen natürlich vor jedem Reiten die Hufe nachgesehen und gründlich gesäubert werden.

PUTZEN NACH DEM REITEN

In vielen Ställen wird vor dem Reiten so gründlich geputzt, daß die Pferde richtig glänzen. Und nach der Arbeit werden sie einfach abgesattelt, manchmal spritzt man ihnen vielleicht noch die Beine ab – und dann ab in die Box.

Das ist nicht in Ordnung: Gerade nach der Arbeit muß das Pferd gründlich geputzt werden, denn jetzt ist sein Fell vom Schweiß verklebt!

Hätte es die Möglichkeit, würde das Pferd sich nach der Arbeit ausgiebig wälzen. Später würde es sich dann in den Wind stellen, damit der getrocknete Staub vom Wälzen aus dem Fell geweht wird; und danach würde das Pferd sich genüßlich an einem Baumstamm den restlichen Schweiß aus dem Fell schubbern. Der nächste Regen würde das Fell und die Haut durchnässen und diejenigen Hautporen reinigen, die immer noch vom Schweiß verstopft wären. Und danach würde das Fell auch wieder glänzen ...

All das kann aber beispielsweise ein Schulpferd im Normalfall nicht tun: Es wird abgesattelt und meistens mit noch feuchtem Fell in die Box gestellt. Das ist für das Pferd unangenehm, aber es muß es dulden.

TIP

Jedes Pferd sollte die Möglichkeit haben, sich täglich in einem Auslauf – man nennt ihn in der Fachsprache Paddock – frei zu bewegen. Sprecht doch mal mit dem Stallbesitzer, falls die Pferde in eurem Stall diese Möglichkeit nicht haben!

Viel besser wäre es, das Pferd abzusatteln und es so lange zu führen oder frei in einem Paddock laufen zu lassen, bis es ganz trocken ist. Danach kann man die Schweißpartikel aus dem Fell bürsten.

Selbstverständlich kontrolliert man nach dem Reiten die Hufe und kratzt sie aus. Es könnte sich ja ein Steinchen oder ein anderer Fremdkörper darin verklemmt haben und dem Pferd weh tun.

Fühlt auch mal in der **Fesselbeuge** nach, ob dort alles sauber ist! Gerade in den Fesselhaaren setzt sich manchmal Schmutz ab, der das Pferd später juckt und sogar zu Entzündungen führen kann.

SCHWEISS ABWASCHEN

Man kann die vom Schweiß verklebten Stellen auch mit viel lauwarmem Wasser und einem Schwamm abwaschen. Auf keinen Fall darf man aber eiskaltes Wasser verwenden oder ein Pferd einfach mit dem Wasserschlauch abspritzen! Man sieht das zwar immer wieder – aber man sieht auch, wie die Pferde sich unter dem kalten Wasserstrahl krümmen, und wie unangenehm ihnen das ist!

Stellt euch vor, ihr hättet geschwitzt und müßtet jetzt unter eine eiskalte Dusche mit einem harten Wasserstrahl. Eine unangenehme Vorstellung, nicht? Viel besser ist da doch eine sanfte, lauwarme Dusche. Und warum soll man das nicht auch seinem Pferd gönnen? Warmes Wasser sollte es überall dort geben, wo man Pferde hält – und wenn man es sich in einer Thermoskanne mitnimmt! So viel Mühe sollte einem das Pferd wert sein, das man reitet.

Die verschwitzten Stellen werden also gut abgewaschen. Anschließend streicht ihr das überschüssige Wasser kräftig mit der Hand in Fellrichtung heraus oder zieht es mit dem Schweißmesser ab. Wie man das macht, könnt ihr auf Seite 113 nachlesen.

Wenn das Pferd sehr stark geschwitzt hat, legt ihr ihm für einige Minuten eine leichte Decke über und führt es, bis es ein bißchen abgekühlt ist. Danach könnt ihr es in die Box bringen.

Nach ein oder zwei Stunden solltet ihr nochmals kurz bei eurem Pferd vorbeischauen und ihm mit einer groben Kardätsche das Fell ausbürsten. Das muß zwar nicht unbedingt sein, aber das Pferd fühlt sich danach mit lockerem Fell bestimmt wohler.

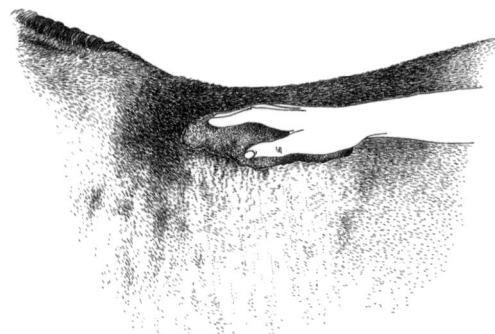

**Vom Schweiß
verklebte Stellen
wie die Sattellage
kann man mit
lauwarmem Wasser
abwaschen**

Was braucht man zum Pferdeputzen?

So sieht ein kompletter Putzkasten aus.
Die Beschriftung mit dem Namen des Pferdes sorgt dafür, daß man
das Putzzeug nicht versehentlich für ein anderes Pferd verwendet

Wenn wir die Pferde putzen, wollen wir sie natürlich reinigen. Aber wir möchten auch, daß sie schön aussehen: daß ihr Fell glänzt, daß ihre Mähne fliegt, und daß in ihrem Schweif keine Strohhalme mehr sind.

Und noch etwas ist wichtig beim Putzen: der Kontakt zum Pferd. Beim Putzen verlangt ihr nichts von eurem Pferd, sondern ihr berührt es so, wie es dem Pferd angenehm ist: Die Bürste fährt weich über das Fell, der Striegel befreit die Haut vom Schmutz, und mit der Hand erfühlt ihr jede kleine Unregelmäßigkeit am Pferdekörper – das schafft Vertrauen und Vertrautheit.

Vielleicht habt ihr es schon einmal erlebt, daß euer Pferd beim Putzen den Kopf tief hängen ließ, mit „schlabbernder" Unterlippe und halbgeschlossenen Augen. Wenn ein Pferd so dasteht, dann ist es ganz entspannt und genießt es, geputzt zu werden. Um es richtig putzen zu können, braucht ihr aber auch das nötige Putzzeug.

UNTERSCHIEDLICHE INSTRUMENTE

Für das Reinigen des kurzen Haares am Pferdekörper und des langen Mähnen- und Schweifhaares braucht man unterschiedliche Instrumente.

Auch wir Menschen benutzen beispielsweise zum Waschen des Körpers einen Waschlappen oder einen Schwamm. Und wenn wir uns die Haare kämmen, verwenden wir einen Kamm oder eine Bürste.

Bei Pferden ist das ähnlich: Das Fell, das ihren Körper bedeckt, ist kurz und schützt die empfindliche Haut zwar gegen Sonne, Regen und Wind – nicht aber gegen grobes Putzen. Alles Putzzeug, das mit dem Fell in Berührung kommt, darf also nicht kratzen, es darf die Haut unter dem kurzen Fell nicht verletzen.

Die Geräte, die man beim Säubern von Mähne und Schweif benutzt, haben lange Zinken oder Borsten. Deshalb muß man sehr vorsichtig mit ihnen umgehen und darf sie niemals für das kurze Fell am Pferdekörper verwenden.

STRIEGEL FÜR DEN GROBEN SCHMUTZ

Das Wort **Striegel** ist genauso wie der Begriff **Kardätsche** eine alte Bezeichnung, die fast nur noch Leute benutzen, die mit Pferden umgehen.

Der Striegel dient dazu, den groben Schmutz im Fell zu lockern. Das kann der Schweiß von der Arbeit sein; es kann aber auch eine dicke Lehmschicht sein, wenn das Pferd sich gewälzt hat.

Früher gab es nur **Eisenstriegel** – damals kannte man Gummi und Plastik noch nicht. Der Eisenstriegel hat unten gerade Kanten, mit denen man den Schmutz regelrecht abschabt. Wenn man das tut, indem man immer in Richtung des Fellwuchses streicht – also *nicht gegen den Strich* – dann ist das in Ordnung. Leider putzen aber viele Leute mit dem Eisenstriegel auch gegen die Fellrichtung. Manchen Pferden mit empfindlicher Haut ist das sehr unangenehm; sie versuchen den Rücken wegzudrücken und sich der Berührung mit dem Striegel zu entziehen. Außerdem brechen beim Putzen mit dem Eisenstriegel gegen den Strich auf Dauer die feinen Fellspitzen ab! Eisenstriegel gibt es in der üblichen ovalen Form mit Handschlaufe und als Rechteckstriegel mit Holzgriff.

Was braucht man zum Pferdeputzen?

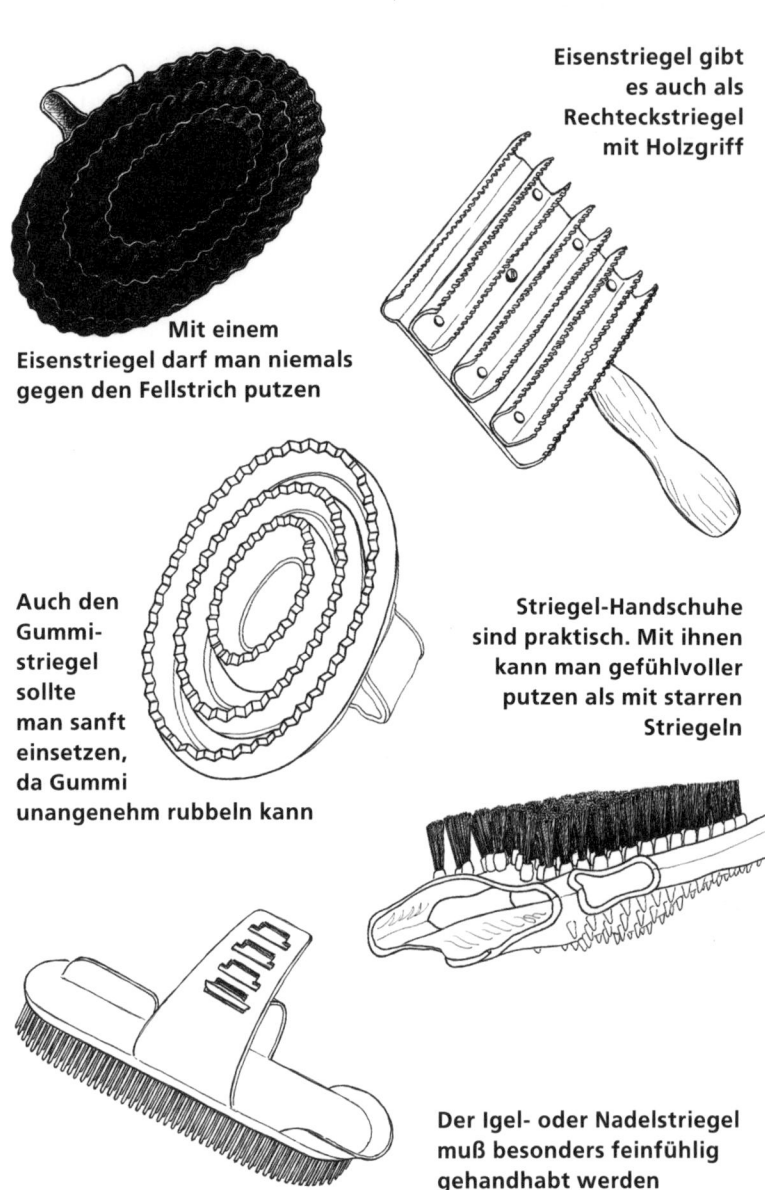

Eisenstriegel gibt es auch als Rechteckstriegel mit Holzgriff

Mit einem Eisenstriegel darf man niemals gegen den Fellstrich putzen

Auch den Gummistriegel sollte man sanft einsetzen, da Gummi unangenehm rubbeln kann

Striegel-Handschuhe sind praktisch. Mit ihnen kann man gefühlvoller putzen als mit starren Striegeln

Der Igel- oder Nadelstriegel muß besonders feinfühlig gehandhabt werden

Plastikstriegel sind etwas runder und weicher als Eisenstriegel. Außerdem rosten sie nicht und sind angenehmer zu handhaben, weil sie leichter sind.

Plastikstriegel eignen sich sehr gut dazu, den groben Schmutz von der Haut und aus dem Fell zu lösen. Es gibt sie in vielen knallbunten Farben, so daß man für jedes Pferd eine andere Farbe wählen kann.

Der **Gummistriegel** hat keine glatte Unterkante, sondern eine gezackte. Damit dringt man besser durch das Fell zur Haut durch. Aber Vorsicht: Gummi kann ganz schön unangenehm rubbeln! Deshalb solltet ihr auch den Gummistriegel nicht mit allzuviel Kraft einsetzen, sondern lieber länger putzen.

Mit dem Gummistriegel könnt ihr in kleinen Kreisen übers Fell gehen und immer dann ein bißchen fester aufdrücken, wenn ihr in Richtung Fellwuchs glatt übers Fell streicht.

Bewegliche **Striegel-Handschuhe** aus Plastik oder Gummi sind eine feine Sache, weil man die ganze Hand hineinstecken und daher mit mehr Feingefühl putzen kann als mit einem starren Striegel.

Es gibt Striegel-Handschuhe, die ganz weich sind; sie sind wie Fausthandschuhe geschnitten und auf beiden Seiten mit Noppen versehen. Mit diesen Handschuhen kann man sogar über empfindliche Stellen am Pferdekörper gehen. Außerdem setzt sich das ausgeputzte Fell an dem Handschuh fest, und ihr könnt es wie ein Vlies abziehen; euch fliegen also nicht Tausende von ausgeputzten Härchen ums Gesicht.

Dann gibt es noch Handschuhe, die nur auf einer Seite Noppen haben, auf der anderen befindet sich eine Bürste. Diese Handschuhe sind etwas steifer und haben links und rechts einen Ausschnitt für den Daumen, so daß man sie mit beiden Händen benutzen kann. Wenn eure Hände zu klein sind, um diesen Handschuh ganz auszufüllen, ist er auf die Dauer recht unbequem.

Ansonsten sind aber auch diese Handschuhe sehr praktisch: Mit der Noppenseite lockert man den Schmutz im Pferdefell; dann dreht man den Handschuh um und putzt mit der Bürstenseite den Schmutz aus dem Fell.

Der **Igel-** oder **Nadelstriegel** hat viele Noppen aus Plastik, die wie kleine Stacheln aussehen – daher der Name. Diese Noppen dringen durch das Pferdefell und massieren die Haut sehr stark. Weil diese Striegel direkt auf die Haut wirken, müßt ihr vorsichtig mit ihnen umgehen. Sowie das Pferd dem Striegel ausweicht, müßt ihr ihn sanfter einsetzen!

Außerdem gibt es noch runde **Massagestriegel** aus Plastik. Auch sie sind mit Noppen versehen und für die grobe Reinigung und Massage des Fells konstruiert. Allerdings sind sie etwas schwierig zu handhaben, weil sie keine Schlaufe haben, durch die man die Hand stecken kann, sondern nur einen dicken Knopf als Griff.

BÜRSTEN UND KARDÄTSCHEN

Es gibt ganz verschiedene Bürsten für unterschiedliche Zwecke. Da ist zum einen die grobe **Reisbürste**. Sie hat lange feste Borsten und dient dazu, den groben Schmutz aus dem Pferdefell zu bürsten.

Die langen Borsten sind meist aus Reisstroh – daher der Name. Es gibt solche Bürsten – man nennt sie auch **Wurzelbürsten** –

aber auch mit Plastikborsten. Vorsicht: Fahrt mal mit der Hand über die Bürste, bevor ihr sie kauft! Wenn sie recht kratzig ist, nehmt sie lieber nicht. Sie ritzt dann möglicherweise den Pferden die Haut auf. Das tut ihnen nicht nur weh, solche Kratzer können auch Entzündungen verursachen.

Ähnliche grobe Bürsten gibt es auch mit kurzen Borsten. Sie haben den gleichen Zweck wie die mit langen Borsten. Aber sie sind meistens größer, so daß ihr sie nur dann gut packen könnt, wenn ihr relativ große Hände habt.

TIP

Die Handschlaufen an Striegeln und Kardätschen sollten nicht aus Gummi sein. Das fühlt sich im ersten Moment zwar angenehm an, aber das dehnbare Material gibt der Hand keinen Halt. Ein stabiler Riemen aus Leder oder Plastik ist besser.

Dasselbe Problem gibt es bei den weichen **Kardätschen**. Die wenigsten Hersteller denken an die vielen Mädchen, die Pflegepferde haben und sich mit zu großen Bürsten abquälen müssen. Wenn ihr aber ein bißchen sucht, findet ihr auch schmale Kardätschen, die ihr gut handhaben könnt.

Die besten Kardätschen sind diejenigen, bei denen das Oberteil aus Leder gefertigt ist. Holz ist so steif, es liegt oft unbequem in der Hand. Kardätschen mit Lederoberteil dagegen werden mit der Zeit immer griffiger, und sie gleiten auch weich über das Fell. Sie sind meist recht teuer, denn die Borsten sind oft Naturborsten. Aber der Preis lohnt sich, denn sie halten „ewig"!

PFERDEPFLEGE AUS DER DROGERIE?

Manche Pferde, besonders aber Schimmel und Füchse, haben ein besonders empfindliches Fell und eine besonders feine Haut. Grobe Bürsten tun ihnen richtig weh. Das Putzen soll aber natürlich auch für sie angenehm sein – also brauchen sie besonders weiche Bürsten.

Wenn ihr solch ein Pferd oder Pflegepferd habt, solltet ihr mal in den Kosmetikabteilungen der Kaufhäuser oder in Drogerien nach Bürsten schauen. Dort findet ihr beispielsweise **Badebürsten** für Menschen – super auch für Pferde, weil die Borsten so weich sind. Außerdem sind die Bürsten meist nicht sehr groß, sie passen gut auch in kleinere Hände.

Ganz toll für Pferde sind auch **Luffaschwämme**, wie man sie in der Sauna benutzt. Es gibt sie auch mit Borsten auf einer Seite. Sie sind wunderbar weich und schmiegsam, und sie reinigen das Fell sanft und sehr gründlich.

Luffaschwämme haben noch einen weiteren Vorteil: Die Borsten daran sind Naturborsten. Ihr könnt solch einen Luffaschwamm also auch benutzen, wenn ihr euer Pferd wascht. Denn Naturmaterialien halten Nässe problemlos aus.

MÄHNENBÜRSTE UND MÄHNENKAMM

Für die Mähne verwendet man eine **Mähnenbürste** mit langen Borsten. Ihr könnt aber auch eine kräftige Naturborsten-Haarbürste für Menschen benutzen; die liegt angenehmer in der Hand, weil sie einen schmalen Griff hat. Sie ist allerdings viel teurer als eine gewöhnliche Mähnenbürste für Pferde.

TIP

Bürsten, die ihr für Mähne und Schweif verwendet, sollten stabil befestigte Borsten haben. Bürsten, deren Borsten in einer Art Gummibett befestigt sind, gehen meist ziemlich schnell kaputt.

Mähnenkämme haben breite Abstände zwischen den Zinken. Mit ihnen kann man die Mähne vorsichtig entwirren. Früher gab es Mähnenkämme nur aus Metall; aber die bunten Plastikkämme, die es heute gibt, sind viel schöner. Die abgerundeten Kanten der Zinken schonen übrigens die empfindlichen Mähnenhaare.

EIN LAPPEN SORGT FÜR GLANZ

Um dem Pferd nach dem Putzen den letzten Glanz zu geben, geht man mit einem **Wollappen** über den Pferdekörper. Das kann ein einfacher Staublappen sein oder ein anderes weiches Tuch. Der Lappen nimmt auch noch das letzte Stäubchen aus dem Fell. Ihr solltet das Tuch nach der Benutzung immer gleich ausschütteln, damit der Staub rausfällt.

TIP

Nehmt keinen Lappen aus Synthetikfasern, um euer Pferd glänzend zu putzen. Den schönsten Glanz bekommt man, wenn man natürliche Materialien verwendet – am besten Wolle oder Lammfell.

Auch ein weicher **Lammfell-Putzhandschuh** aus dem Reitsportgeschäft bringt das Fell eures Pferdes zum Glänzen.

SCHWÄMME FÜR AUGEN UND AFTER

Zur Pferdepflege gehört es auch, den Pferden regelmäßig Augen und Nüstern sowie den After und die Genitalien zu reinigen. Hierzu braucht ihr zwei verschiedene **Schwämme**, die ihr kennzeichnen solltet; wenn ihr euch merkt, welcher Schwamm für welche Körperteile benutzt wird, reicht ein buntes Bändchen zum Kennzeichnen. Ihr könnt aber auch für das Gesicht einen kleinen feinen Schwamm nehmen und für After und Geschlechtsteile einen größeren – dann verwechselt ihr sie bestimmt nicht.

HUFKRATZER, FETT UND PINSEL

Huffett benutzt man nur ganz selten. Wenn man es aber verwendet, trägt man es mit einer kleinen **Bürste** oder einem **Pinsel** auf. Bürste oder Pinsel sollten immer zusammen mit dem Huffett aufbewahrt werden – aber nicht im Putzkasten, denn dort könnten sie das andere Putzzeug verschmutzen!

TIP
Den Pinsel fürs Huffett könnt ihr in eine leere Plastikflasche stellen, damit er euch nicht das andere Putzzeug verschmiert. Wenn ihr in den Deckel der Flasche ein Loch bohrt, könnt ihr den Pinselstiel durchstecken, und der fettige Pinsel sitzt fest in der Flasche.

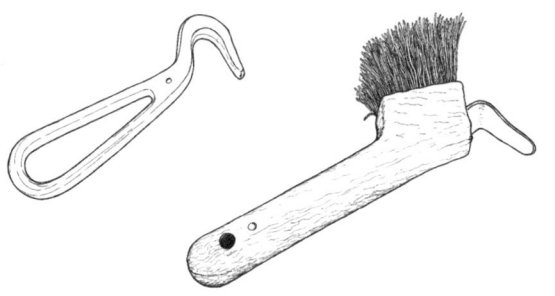

Links ein
einfacher
Hufkratzer
aus Metall,
rechts einer
mit Plastikgriff
und Bürste

Hufkratzer kann man gar nicht genug haben – irgendwie verschwinden die Dinger immer! Es gibt einfache Hufkratzer aus Metall; andere haben einen Plastikgriff und eine kleine Bürste auf der anderen Seite. Mit ihr kann man nach dem Auskratzen noch den feinen Schmutz aus dem Huf bürsten.

Außerdem gibt es zusammenklappbare Hufkratzer, die bequem in die Hosentasche passen. Einen solchen Hufkratzer solltet ihr beim Ausreiten immer dabeihaben, falls sich mal ein Steinchen im Huf eures Pferdes festsetzt.

TIP

Vergeßt den Hufkratzer auch beim Ausritt nicht. Wenn sich mal ein Stein im Huf verkantet, bekommt ihr ihn sonst nicht heraus.

DAS SCHWEISSMESSER

Früher hat man schwitzenden Pferden den Schweiß mit einem Messer „abgezogen", wie man das in der Fachsprache nennt: Man ging mit der Messerklinge so über das Fell, daß der

Schweiß abgestreift wurde und am Pferdekörper nach unten lief.

Natürlich soll man Pferde nicht so klatschnaß reiten, daß man den Schweiß abstreifen muß. Heute benutzt man das **Schweißmesser** dazu, Wasser aus dem Pferdefell zu streifen, beispielsweise nach dem Abspritzen oder Waschen des Pferdes.

Es gibt zwei Arten von Schweißmessern: einmal solche, die aussehen wie ein kleiner Bogen. Sie haben einen Handgriff, der meist aus Holz ist. Die „Klinge" zum Abstreifen der Flüssigkeit besteht entweder aus Metall oder aus Gummi. Eine Metallklinge ist besser, denn das Gummi ist stumpfer und kann unangenehm schaben. Das Schweißmesser aus Metall gleitet leichter und glatter über das nasse Fell.

Die zweite Schweißmesser-Art besteht aus einem langen biegsamen Metallstreifen mit einem Griff an jedem Ende. Die Griffe faßt man mit beiden Händen und biegt den Metallstreifen so, wie man ihn braucht: Am Rücken braucht man ihn nur wenig zu biegen, weil man das Wasser hier großflächig abziehen kann. Aber an den Flanken, wo sich die Fellwirbel befinden, muß man das Schweißmesser stark krümmen, um der Richtung des Fellwuchses folgen zu können.

TIP

Achtet bei allem Putzzeug darauf, daß ihr es gut anfassen könnt. Striegel und Kardätschen, die zu groß für eure Hände sind, könnt ihr nicht geschickt handhaben. Wenn ihr ein bißchen sucht, findet ihr in guten Reitsportgeschäften auch Putzzeug, das in kleineren Händen gut liegt.

Es gibt übrigens auch Schweißmesser, die eine glatte und eine gezackte Kante haben. Die glatte ist für das Abstreifen des Wassers aus dem Fell geeignet. Und die gezackte kann man gerade bei robust gehaltenen Pferden prima dazu verwenden, im Fellwechsel das lose Haar einfach in Richtung des Haarwuchses abzustreifen.

EIN PUTZKASTEN FÜR JEDEN REITER?

Eine Zeitlang war es Mode, daß alle pferdebegeisterten Jugendlichen mit „ihrem" **Putzkasten** in den Stall gingen und mit „ihrem" Putzzeug alle Pferde putzten.

Das ist aber gefährlich, denn damit kann man Krankheiten von einem Pferd zum anderen tragen.

Viele Krankheiten werden durch Berührung übertragen. Dazu gehört der Husten genauso wie der Hautpilz. Manchmal weiß man noch gar nicht, daß ein bestimmtes Pferd den Keim einer Krankheit in sich trägt. Wenn man dieses Perd dann putzt und anschließend dasselbe Putzzeug für andere Pferde benutzt, können sich all diese Pferde durch das Putzzeug anstecken! So schön also ein eigener Putzkasten ist – es sollte ein eigener Putzkasten für jedes Pferd sein.

TIP

Das Putzzeug für jedes Pferd kann mit dem Anfangsbuchstaben des Pferdenamens gekennzeichnet werden. Dafür nehmt ihr bunte Acrylfarbe und einen feinen Pinsel. Eine solche Beschriftung ist haltbar und sieht auch noch hübsch aus.

Natürlich muß das Putzzeug nicht unbedingt in einem Kasten aufbewahrt werden. Ein Eimer mit dem Namen des Pferdes reicht auch aus. Der Name des Pferdes sollte ebenso auf jeder Bürste, auf jedem Striegel und auf jedem Schwamm stehen, damit das Putzzeug nicht versehentlich vertauscht werden kann.

AUCH PUTZZEUG BRAUCHT PFLEGE

Wenn man den Schmutz im Pferdefell gelockert hat, klopft man den Striegel leicht aus – damit fällt der grobe Schmutz heraus. Die Bürsten streicht man aus, um sie von gröberen Schmutzpartikeln zu befreien.

Aber mit der Zeit setzt sich doch eine feine Fettschicht auf allen Putzutensilien fest. Also muß auch das Putzzeug hin und wieder geputzt werden.

Das geschieht am besten in einer Lösung aus lauwarmem Wasser und Wollwaschmittel. Man tunkt die Bürsten vorsichtig hinein und schwenkt sie ein bißchen. Danach spült man mit klarem Wasser nach und stellt die Bürsten zum Trocknen so auf, daß das Wasser aus den Borsten laufen kann.

TIP

Beim Kauf des Putzzeuges solltet ihr auch darauf achten, daß man es gut reinigen kann. Ein Eisenstriegel beispielsweise kann rosten, wenn man ihn naß reinigt, ein Plastikstriegel nicht.

Striegel kann man ruhig richtig schrubben; die halten das aus. Auch der Wollappen und die Schwämme müssen ab und zu gewaschen werden. Den Wollappen wäscht man in der Waschmaschine oder von Hand mit Feinwaschmittel. Die Schwämme reinigt man dagegen nur mit klarem Wasser, besonders wenn es echte Schwämme und nicht solche aus Kunststoff sind. Die Schwämme werden nach jeder Benutzung unter fließendes Wasser gehalten und gut ausgedrückt.

TIP
Naturschwämme dürft ihr nicht mit Seife reinigen – sie werden dadurch nämlich steif. Wascht solche Schwämme nach jedem Gebrauch gut mit lauwarmem klarem Wasser aus und legt sie alle paar Wochen in Salzwasser. Das hält sie geschmeidig.

ORDNUNG MUSS SEIN

Sicherlich kennt ihr auch den Satz: „Ordnung ist das halbe Leben!" – Hört sich blöde an, nicht? Leider ist aber viel Wahres dran.

Es ist zum Beispiel äußerst lästig, wenn man den vermaledeiten Hufkratzer sucht, und der befindet sich ganz unten im Putzkasten unter den Schwämmen. Oder der Pinsel fürs Huffett hat sich in den Wollappen verirrt ...

Am besten ist es also, ein bestimmtes System in den Putzkasten zu bringen. Die einfachste Lösung besteht darin, alle Putzsachen in der Reihenfolge zu ordnen, in der ihr sie braucht: zuoberst die Striegel und groben Bürsten, dann die feinen Bürsten und die Schwämme, und zuunterst das Tuch für den Glanz. Ihr könnt die

Was braucht man zum Pferdeputzen?

Utensilien dann immer von oben wegnehmen und braucht nicht im Kasten zu wühlen.

Nach dem Putzen könnt ihr die Sachen in umgekehrter Reihenfolge säubern und wieder in den Kasten einordnen – damit erspart ihr euch beim nächstenmal das Suchen!

Wie putzt man ein Pferd?

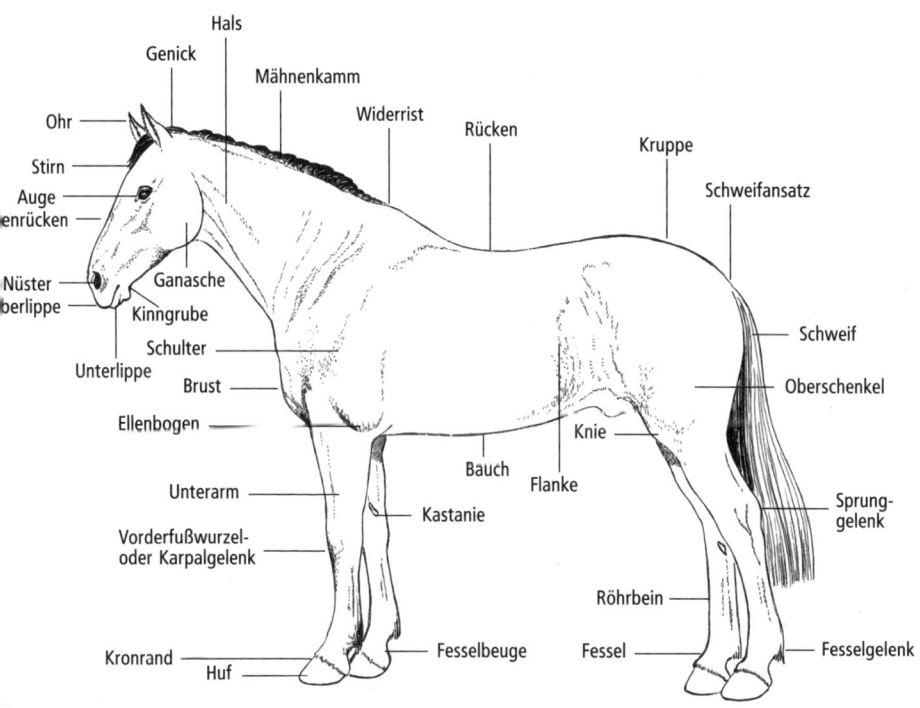

Die wichtigsten Körperteile

Hals

Genick

Mähnenkamm

Widerrist

Rücken

Kruppe

Ohr

Schweifansatz

Stirn

Auge

enrücken

Nüster

Ganasche

berlippe

Kinngrube

Schweif

Schulter

Oberschenkel

Unterlippe

Brust

Ellenbogen

Knie

Bauch

Flanke

Unterarm

Sprung-
gelenk

Kastanie

Vorderfußwurzel-
oder Karpalgelenk

Röhrbein

Kronrand

Fesselbeuge

Fessel

Fesselgelenk

Huf

Wie putzt man ein Pferd?

Es gibt ganz bestimmte Regeln, nach denen man ein Pferd putzt. Sie beruhen nicht auf Vorschriften, die irgendeine Organisation oder ein Reitverein aufgestellt haben, sondern auf praktischen Erfahrungswerten.

Natürlich kann man einem Pferd zuerst den Kopf putzen, dann die Hufe auskratzen, zwischendurch ein bißchen die Mähne bürsten und dann vielleicht den Dreck vom Rücken kratzen. Aber sinnvoll ist das nicht.

Besser ist es, mit System vorzugehen. Das ist sinnvoll, weil ein Schritt auf dem anderen aufbaut, und es ist auch für das Pferd angenehmer. Denn das Pferd kennt den Ablauf des Putzens und kann es dann so richtig genießen, von euch gepflegt zu werden.

WO PUTZT MAN PFERDE?

Am besten ist natürlich ein richtiger **Putzplatz** mit einer guten Anbindemöglichkeit. Fast alle großen Ställe haben solche Putzplätze.

In kleineren Ställen muß man sich dagegen behelfen und sich selbst eine Art Putzplatz suchen. Zum Anbinden bietet sich vielleicht ein stabiler Ring in einer Mauer an oder ein Anbindebalken, an dem man die Pferde auch sattelt.

Wichtig ist es, daß ihr das Pferd gut anbindet und um es herumgehen könnt, ohne daß es selbst andauernd zur Seite treten muß, wenn ihr mal auf die andere Körperseite wollt. Ihr braucht also ein bißchen Platz. Deshalb ist es auch nicht gut, das Pferd in der Box zu putzen, sie ist dafür meist einfach zu eng.

Ein überdachter Putzplatz ist natürlich besonders praktisch: Hier kann man sein Pferd auch bei schlechtem Wetter ausgiebig pflegen.

Wie putzt man ein Pferd?

Der Putzplatz sollte einen festen Untergrund haben und über eine sichere Anbindemöglichkeit verfügen. Wie man einen Pferdeknoten schlingt, könnt ihr auf den Seiten 46 und 47 sehen

TIP

Putzt euer Pferd immer auf dieselbe Art und Weise und in derselben Reihenfolge. Pferde sind Gewohnheitstiere, und beim vertrauten Ablauf des Putzens entspannen sie sich am besten.

Wie putzt man ein Pferd?

Natürlich sollte der Boden des Putzplatzes griffig sein, am besten aus Zement, Pflastersteinen oder Asphalt. Wenn ihr euer Pferd aber auf der Weide putzen müßt, solltet ihr wenigstens einen Platz suchen, der möglichst eben und trocken ist.

Den Putzkasten stellt ihr am besten außer Reichweite des Pferdes ab – manche Pferde langweilen sich beim Putzen nämlich und „räumen gern auf". Und es kann einem ganz schön auf die Nerven gehen, wenn ein Pferd zum fünftenmal den Striegel durch die Gegend schmeißt, den Putzkasten umwirft oder auf einer Bürste herumkaut ...

ANBINDEN – ABER RICHTIG!

Zum Putzen legt man dem Pferd ein normales **Stallhalfter** an – *niemals* aber ein Kopfstück mit Gebiß!

Zum Anbinden benötigt man einen **Führstrick,** der meist mit einem sogenannten **Panikhaken** am Halfter befestigt ist. Das ist wichtig, denn das Pferd soll zwar angebunden stehenbleiben, im Ernstfall muß es aber auch blitzschnell loskommen.

TIP
Gedrehte Anbindestricke aus Baumwolle sind griffiger als solche aus Synthetikfasern. Aus beiden Materialien gibt es übrigens auch mehrfarbig gestreifte Stricke. Die sehen nicht nur gut aus, sondern gehen auch nicht so leicht verloren. Die normalen einfarbigen Stricke, wie jeder sie hat, werden nämlich oft verwechselt und „aus Versehen" mitgenommen.

Der Panikhaken ist so konstruiert, daß er sich bei einem sehr starken *plötzlichen* Ruck – also wenn ein Pferd in Panik gerät – von selbst löst. Das ist aber wirklich nur in Extremfällen so; normalerweise hält der Panikhaken auch stärkeres Ziehen aus.

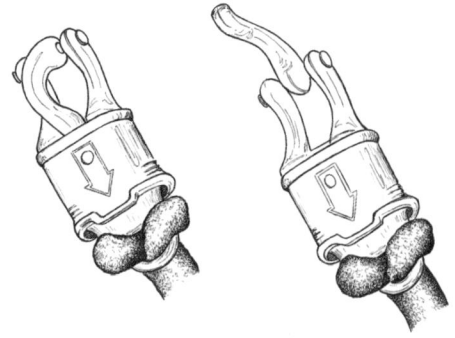

Der Panikhaken: links geschlossen, rechts offen. Durch Ziehen in Pfeilrichtung kann man den Panikhaken mit einem Handgriff öffnen

Es gibt verschiedene Arten von Panikhaken. Wie sie funktionieren, probiert ihr am besten aus, wenn ihr sie am Halfter befestigt. Denn so, wie ihr den Haken befestigt, könnt ihr ihn auch wieder lösen. Dazu braucht man nicht viel Kraft, man muß einfach nur an genau der richtigen Stelle ziehen – und schon ist der Haken offen!

DER PFERDEKNOTEN

Damit man das Pferd aber in Gefahrensituationen auch schnell losmachen und den Strick dabei noch festhalten kann, bindet man es mit einem ganz besonderen Knoten an, den alle Pferdeleute auf der ganzen Welt kennen: mit dem **Pferdeknoten**.

Wie putzt man ein Pferd?

Der Pferdeknoten ist so geschlungen, daß das Pferd ihn nicht öffnen kann – der Mensch aber kann ihn bei Gefahr ganz leicht lösen. Ihr solltet diesen Knoten so lange üben, bis ihr ihn ohne nachzudenken knüpfen und lösen könnt.

Wenn ihr einen großen **Anbindering** habt, zieht ihr den Führstrick durch den Ring und bildet eine Schlinge. Dann wird durch diese Schlinge von hinten wieder eine Schlinge gezogen. Und fertig ist der Knoten!

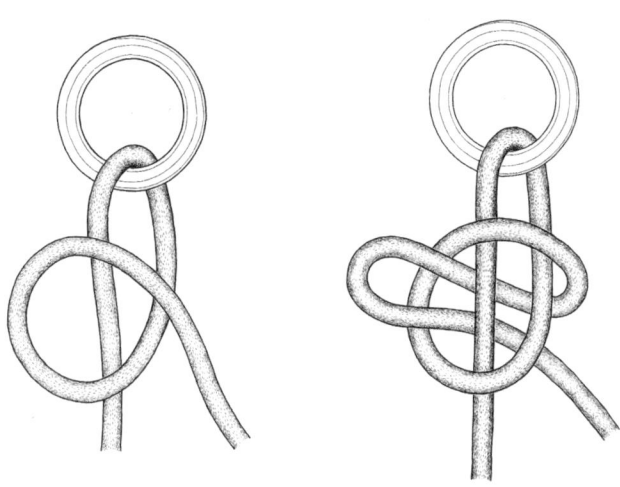

Wie putzt man ein Pferd?

Das Ende des Führstricks zieht ihr durch die letzte Schlinge ganz hindurch, so daß das Ende lose herabhängt. Jetzt kann das Pferd am Ende des Führstricks knibbeln oder ziehen (was es natürlich eigentlich nicht tun sollte) – es kann den Knoten nicht lösen, und er zieht sich auch nicht fest.

TIP
Schaut euch die Zeichnungen mit dem Pferdeknoten genau an und übt das Knüpfen und Lösen des Knotens zu Hause in aller Ruhe. Als „Anbindebalken" könnt ihr zum Beispiel eine Stuhllehne nehmen, als „Anbindering" einen Serviettenring oder einen Armreif.

Ihr selbst aber könnt den Knoten blitzschnell lösen, indem ihr das Seilende wieder durch die letzte Schlinge fädelt und am Führstrick zieht: Die Schlingen lösen sich von selbst, das Pferd ist nicht mehr angebunden – aber ihr habt den Führstrick noch in der Hand.

Auf den Zeichnungen seht ihr von links nach rechts die einzelnen Schritte beim Knüpfen eines Pferdeknotens. Das Strickende wird am Schluß durch die Schlinge gezogen

Wie putzt man ein Pferd?

Wenn ihr keinen großen Anbindering habt, sondern den Strick um einen **Balken** schlingen müßt, ist die Vorgehensweise ganz ähnlich: Ihr legt den Strick jetzt einmal um den Balken, und dann legt ihr seitlich über dem Strick eine Schlinge. Ihr seht also die Schlinge praktisch oben auf dem Strick liegen und haltet sie mit einer Hand fest. Mit der anderen Hand führt ihr das Strickende einmal nach unten und zieht von unten durch die Schlinge eine weitere Schlinge. Durch die fädelt ihr dann das Strickende – genau wie bei der ersten Version.

Das klingt komplizierter als es ist. Schaut euch die Zeichnungen dazu genau an und probiert es in Ruhe aus. Ihr werdet sehen: Bald macht ihr die Knoten ganz „von selbst" richtig!

TIP
Es gibt Anbindestricke, die an beiden Enden Panikhaken haben. Das ist sehr praktisch zum schnellen Festhaken an einem Anbindering. Wenn das Pferd sich aber mal losreißt und dann der Strick an seinem Halfter hängt, schlägt der Panikhaken schmerzhaft gegen den Pferdekörper. So einen Anbindestrick solltet ihr also lieber nicht benutzen.

ANBINDEN ODER FESSELN?

Leider sieht man es immer noch oft, daß Pferde in der Stallgasse nach beiden Seiten hin „ausgebunden" werden, wie man das in der Fachsprache nennt.

Wie putzt man ein Pferd?

Das bedeutet, daß man das Pferd in die Mitte der Stallgasse stellt und am Halfter auf beiden Seiten einen Strick befestigt – links ein Strick, rechts ein Strick. Das arme Pferd, das so links und rechts festgebunden ist, kann nicht einmal den Hals drehen, um zu sehen, was hinter ihm geschieht. Es kann oft nur mit den Hinterbeinen einen Schritt zur Seite tun: Meist ist es so kurz angebunden, daß es keinen Schritt vor- oder zurückgehen kann. Das ist unwürdig und gemein gegenüber dem Pferd – es ist ja regelrecht „gefesselt"!

Gut erzogene Pferde haben das auch gar nicht nötig. Man kann nämlich schon den Fohlen beibringen, ruhig zu stehen, wenn sie angebunden sind. Ein erwachsenes Pferd sollte das auf jeden Fall können: Denn das muß ein Pferd gelernt haben, bevor es geritten wird. Wenn ein Pferd nicht stillstehen kann, hat es der Besitzer versäumt, mit ihm genügend zu üben!

Ihr solltet euer Pferd mit einem Strick so kurz anbinden, daß es sich nicht aus Versehen mit einem Vorderbein im Strick verfangen kann; andererseits soll der Strick aber so lang sein, daß das Pferd den Kopf drehen und sich umsehen kann. Dann weiß es, was um es herum geschieht. Ein so angebundenes Pferd ist viel ruhiger und erschrickt nicht so leicht.

TIP

Anbindestricke, die nicht mehr hundertprozentig in Ordnung sind, müßt ihr sofort aussortieren! Ein guter Anbindestrick darf auf keinen Fall reißen.

Wenn ihr euer Pferd angebunden habt, stellt ihr den Putzkasten bereit – und dann kann es losgehen.

HUFE AUSKRATZEN – BITTE TÄGLICH!

Man kann ein Pferd mal einen Tag nicht putzen, wenn man überhaupt keine Zeit hat. Die Hufe aber muß man wirklich jeden Tag auskratzen – ohne jede Ausnahme!

In der Strahlfurche kann sich nämlich feuchte Einstreu festsetzen, und die kann faulen. Oder es können sich kleine Steinchen im Huf verkanten, die drücken. Diese Druckstellen können sich dann entzünden und zu sehr schmerzhaften Hufgeschwüren führen.

Das Auskratzen der Hufe ist also ein tägliches *Muß*! Denn ob seine Mähne schimmernd glänzt, ist dem Pferd ziemlich egal – nicht aber, ob ihm die Füße weh tun.

Wenn euer Pferd im Stall steht, entfernt ihr in der Box erst einmal mit der Hand Stroh und Mist aus den Hufen und geht oberflächlich mit dem Hufkratzer über die Hufsohle. Denn sonst würden Mist und Stroh bei den ersten Schritten des Pferdes auf die Stallgasse fallen, und die sollte möglichst sauber gehalten werden. Richtig gründlich könnt ihr die Hufe dann reinigen, wenn ihr euer Pferd am Putzplatz angebunden habt.

Zuerst reinigt ihr einen Vorderhuf. Dann könnt ihr als nächstes die beiden Hinterhufe reinigen und als letztes den zweiten Vorderhuf – ihr geht also einmal um das Pferd herum.

Eine andere Möglichkeit besteht darin, zuerst beide Vorderhufe und dann beide Hinterhufe zu reinigen.

SO HEBT IHR DIE HUFE HOCH

Wichtig ist es, daß das Pferd weiß, welchen Huf es hochheben soll. Denn wenn es den Huf nicht auf Kommando von sich aus

Wie putzt man ein Pferd?

hergibt, könnt ihr ziehen und zerren, soviel ihr wollt – das Pferd ist mit Sicherheit stärker.

Natürlich habt ihr schon mit eurem Pferd gesprochen, als ihr es begrüßt habt. Auch beim Putzen redet ihr sicherlich mit eurem Pferd. Und ganz bestimmt kennt das Pferd auch das Kommando „Fuß!" oder „Huf!". Das bedeutet, daß es dasjenige Bein hochheben soll, das ihr gerade berührt.

TIP

Wenn ihr zum Hufeauskratzen leichte Handschuhe anzieht, die ihr auch sonst beim Umgang mit dem Pferd anhabt, könnt ihr kräftiger zupacken. Ohne Handschuhe könntet ihr euch schon mal verletzen.

Bevor ihr ein Pferd putzt, das ihr nicht genau kennt, solltet ihr euch erkundigen, welches Kommando das Pferd kennt. Manche Pferdebesitzer drücken kurz mit dem Daumen auf die Sehnen oder berühren die Fessel, damit das Pferd den Huf hochhebt. Es gibt aber auch Pferde, bei denen es ausreicht, daß man neben dem Huf steht, den man auskratzen möchte.

Ihr müßt also wirklich den Besitzer fragen, sonst mißversteht das Pferd euch vielleicht, oder ihr tut dem Pferd Unrecht, wenn es auf euer Kommando nicht reagiert.

Beim Hufeauskratzen steht man immer mit dem Rücken zum Pferdekopf, weil man den Huf so besser halten kann.

Wenn ihr die Vorderhufe auskratzen wollt, stellt ihr euch dicht ans Pferd und fahrt mit der Hand, die näher am Pferdekörper ist, am Bein entlang nach unten. Dann gebt ihr das Kommando, welches das Pferd kennt – und wenn das Pferd wohlerzogen ist, wird es den Huf hochheben.

Natürlich hält es den Huf nicht von allein die ganze Zeit in der Luft, ihr müßt ihn schon festhalten. Dazu greift ihr mit der Hand unter den Huf und umfaßt ihn locker. Dabei liegt eure Hand am besten etwa am Kronrand des Hufes, also da, wo der Huf ins Bein übergeht. Wenn ihr weiter oben anfaßt, kippt der Huf nach unten, und ihr könnt die Hufunterseite nicht richtig sehen.

TIP

Wenn ihr euch beim Auskratzen des Vorderhufs gegen die Pferdeschulter lehnt, lehnt sich das Pferd auch an euch. Und so ein Pferd ist ganz schön schwer! Macht diesen Fehler also niemals, sondern haltet immer ein paar Zentimeter Abstand zum Pferdekörper, dann kann das Pferd auch im Gleichgewicht stehen.

Zum Auskratzen der Hinterhufe stellt ihr euch ebenfalls mit dem Rücken zum Pferdekopf hin und streicht mit der Hand, die näher am Pferdekörper ist, am Bein entlang nach unten. Dann sagt ihr wieder auffordernd das Kommando, das dem Pferd vertraut ist, und faßt unter den Huf.

TIP

Wenn das Auskratzen eines Hufes einmal sehr lange dauert – etwa, weil sich ein Stein verkantet hat –, solltet ihr den Huf zwischendurch für kurze Zeit absetzen. Das ist für euch und für das Pferd angenehmer.

Das Hinterbein ist anders konstruiert als das Vorderbein und mag euch schwerer erscheinen – aber nur dann, wenn ihr es nicht richtig anfaßt! Am besten ist es, wenn ihr den Huf zuerst etwas in die Höhe hebt und dann einen halben Schritt nach vorne geht, also das Bein etwas nach hinten zieht. Jetzt steht ihr in der Grätsche und könnt euch den Huf auf den Oberschenkel legen. Wenn das Pferd nicht gerade riesengroß oder winzig klein ist, müßte das klappen. Zuerst solltet ihr das Auskratzen ein paarmal unter Aufsicht üben, damit euch der Huf nicht versehentlich aus der Hand rutscht. Denn das ist für das Pferd nicht angenehm – ganz abgesehen davon, daß der Huf euch auf den Fuß fallen kann, und das tut eklig weh.

HIER WIRD GEKRATZT

Wenn ihr euch einen sauberen Pferdehuf von unten anschaut, werdet ihr sehen, daß er praktisch aus zwei Teilen besteht: Da ist einmal die großflächige **Hufsohle** und zum zweiten hinten am Huf der sogenannte **Hufstrahl** (siehe Seite 54).
Der Huf besteht aus Horn und wächst immer wieder von oben nach. Der **Kronrand** – das ist die Stelle, an der der Huf ans Fell grenzt – ist noch weich. Weiter unten wird der Huf immer härter, und das Horn ist abgestorben. Die Hufsohle besteht aus abgestorbenem, unempfindlichem Horn. Das muß auch so sein, denn sonst könnte das Pferd nicht darauf laufen.
Nur der herzförmige Strahl hinten am Huf ist noch empfindlich und muß entsprechend vorsichtig behandelt werden.
Mitten im Strahl befindet sich die sogenannte **mittlere Strahl-furche**; sie muß besonders sorgfältig gereinigt werden, denn hier setzt sich leicht Feuchtigkeit ab, die zu Fäulnis führen kann.

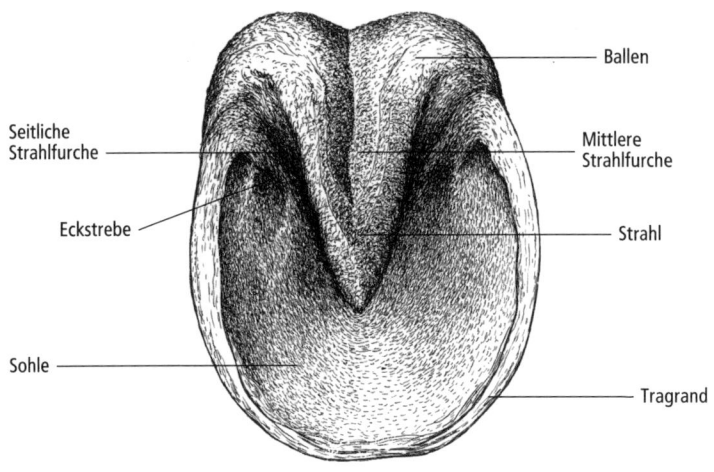

Ballen

Seitliche
Strahlfurche

Mittlere
Strahlfurche

Eckstrebe

Strahl

Sohle

Tragrand

Die wichtigsten Teile des Hufs

Das gilt auch für die beiden **seitlichen Strahlfurchen**. Ihr solltet sie sehr gründlich mit dem Hufkratzer reinigen. Dabei dürft ihr aber niemals grob vorgehen, denn an diesen Stellen ist der Huf sehr druckempfindlich.

TIP

Ihr dürft niemals zu spitze Hufkratzer mit scharfen Kanten benutzen. Alle Kanten am Hufkratzer müssen sanft gerundet sein. Sonst könnt ihr euer Pferd nämlich beim Hufeauskratzen versehentlich verletzen.

Nachdem man mit dem Hufkratzer Sohle und Strahl vom groben Schmutz befreit hat, fährt man mit einer harten Bürste über den Strahl und bürstet damit auch kleinste Teilchen heraus.

Auch auf die Stellen, an denen die Hufeisen enden, müßt ihr besonders achten: Unter den Enden der Eisen setzt sich gern Dreck ab, der sich richtig festklemmen kann.

Wenn ihr einmal einen dicken Stein oder einen anderen Gegenstand im Huf findet, der sich richtig fest ins Hufhorn gedrückt hat, solltet ihr jemanden holen, der viel Erfahrung mit Pferden hat. Dieser Fachmann oder diese Fachfrau sollte nachsehen, ob sich schon eine Druckstelle gebildet hat, die zu einem Hufgeschwür führen könnte.

DER HUF VON AUSSEN

Man muß nicht nur die Hufsohle und den Strahl reinigen. Zum ordentlich geputzten Pferd gehört es auch, daß die Hufe von außen sauber aussehen.

Oft hat sich ein bißchen Mist an die Hufwand gesetzt – oder Lehm vom Auslauf. Beides bekommt ihr gut mit einer groben Bürste weg. Dabei könnt ihr den Huf auf dem Boden stehen lassen. Denkt auch an die „Hinterseite" des Hufes, also den Trachtenbereich. Den sieht man zwar nicht auf den ersten Blick – aber sauber sollte auch der sein!

HUFE BRAUCHEN FEUCHTIGKEIT

Wie die Haut des Menschen und die des Pferdes, so braucht auch der Pferdehuf Feuchtigkeit. In der Natur erhalten die Hufe ausreichend Feuchtigkeit, wenn das Pferd beispielsweise im taunassen Gras oder beim Trinken mit den Hufen im Wasser steht. In einer gut eingestreuten Pferdebox aber ist keine Feuchtigkeit, und der Huf trocknet aus. Also muß ihm die notwendige Feuchtigkeit zugeführt werden, und die soll auch länger vorhalten. Deshalb sollte man die Hufe von Stallpferden ein- bis zweimal in der Woche waschen. Am besten eignet sich dafür natürlich ein Wasserschlauch. Dann kann man das Wasser in weichem Strahl für einige Minuten über jeden Huf laufen lassen – das reicht. Die Hufunterseite darf man dabei natürlich nicht vergessen, denn in der Natur nimmt auch sie die Feuchtigkeit von nassem Untergrund auf. Außerdem befindet sich auf der Unterseite des Hufes das Strahlpolster, das die Feuchtigkeit braucht, um geschmeidig zu bleiben.

TIP
Zum Hufewaschen eignen sich ganz besonders Wäschebürsten, wie man sie in Kaufhäusern bekommt. Sie sind meist aus Holz mit harten Naturborsten und haben eine leicht geschwungene Form. Dadurch liegen sie gut in der Hand.

Ist der Huf gut durchfeuchtet, dann trocknet man ihn mit einem Lappen ab und läßt ihn anschließend noch ein paar Minuten nachtrocknen.

IST HUFFETT NÖTIG?

Normalerweise brauchen Hufe kein Fett – auch wenn es in manchen Ställen Sitte ist, die Hufe nach jedem Putzen zu fetten. Damit macht man den Huf eher krank, als daß es ihm nützt. Die ständige dicke Fettschicht auf dem Horn verstopft nämlich die

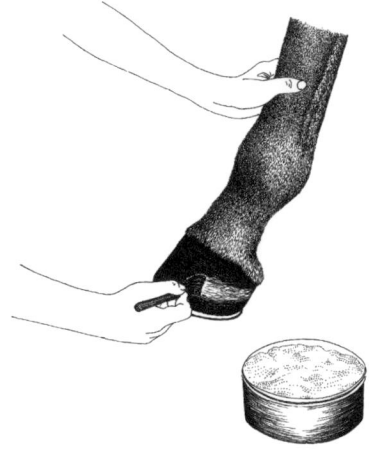

Wenn man die Hufe
nach dem Waschen
ganz leicht fettet, kann
die Feuchtigkeit nicht
verdunsten

feinen Poren. Dadurch quillt das Horn auf und verliert seine Elastizität. In solchen Hufen halten dann auch die Hufnägel oft sehr schlecht und brechen immer wieder aus.

Besser als das Fetten ist das regelmäßige Waschen der Hufe. Wie schon gesagt, sollte es je nach Zustand der Hufe ein- bis zweimal in der Woche erfolgen.

Es schadet nicht viel, wenn man nach dem Waschen ein erstklassiges Huffett *ganz dünn* auf die Hufwand streicht. Aber bitte nur einmal und wirklich nur eine dünne Schicht! Dann hält das Fett die Feuchtigkeit im Huf: Die Fettschicht sorgt dafür, daß die Feuchtigkeit nicht verdunsten kann.

Manche Leute meinen auch, sie müßten die Hufe ihrer Pferde an Festtagen besonders glänzend fetten. Das ist eine altmodische Einstellung, und eigentlich sieht es auch nicht besonders schön aus – ein bißchen künstlich eher. Viel schöner ist ein sauberer gepflegter Huf, der von selbst einen matten Schimmer hat.

FETT GEGEN SCHNEE UND MATSCH

Wirklich sinnvoll ist das Fetten der Hufe allerdings dann, wenn robust gehaltene Pferde im Winter wochenlang im Schnee oder im Matsch stehen. Denn dann quellen die Hufe von der übermäßigen Feuchtigkeit, die von außen zugeführt wird, auf – und hier schafft Huffett Abhilfe.

Die Hufe werden in diesem Fall alle paar Tage gut eingefettet, damit der Huf keine Feuchtigkeit von außen mehr aufnehmen kann. Sowie der Boden wieder trocknet, fettet man nicht mehr: Die Feuchtigkeit reguliert sich jetzt wieder von selbst.

FELLWIRBEL

Bevor ihr jetzt das Fell eures Pferdes putzt, solltet ihr es euch einmal genau anschauen. Ihr werdet sehen, daß es bestimmte Linien bildet.

Vom Kopf ausgehend wächst das Fell über Hals und Rücken zum Schweif immer in der gleichen Richtung. An den Flanken

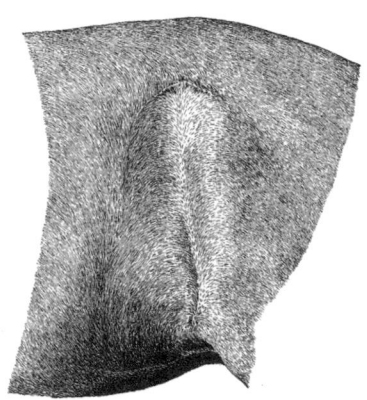

Die großen Fellwirbel an den Flanken schützen die besonders empfindlichen inneren Organe

aber befinden sich Wirbel: Ihr seht, daß die Haare dort nicht von oben nach unten wachsen, sondern von unten nach oben.

Das ist von der Natur wunderbar eingerichtet, denn diese Wirbel haben eine ganz bestimmte Funktion: Sie leiten Wasser, also beispielsweise Regen, ab. Genau unter diesen Wirbeln nämlich liegen im Pferdekörper besonders kälteempfindliche Organe wie etwa die Harnblase und die Nieren. Sie müssen geschützt werden, denn nichts ist für diese Organe gefährlicher als Nässe, die langsam kalt wird. Also hat die Natur dafür gesorgt, daß die Nässe hier gar nicht erst hinkommt. Gerade bei robust gehaltenen Pferden sind diese Wirbel von großer Bedeutung.

Neben diesen großen Wirbeln am Pferdekörper haben die meisten Pferde auch auf der Stirn einen Wirbel. Manchmal sind es sogar zwei. Am Halsansatz und vorn an der Brust befinden sich ebenfalls kleine Wirbel.

An all diesen Stellen müßt ihr darauf achten, daß ihr nicht grob darüber hinwegputzt, sondern der Richtung folgt, in der das Fell wächst.

Schmutz kann man nämlich nur in Fellrichtung ausbürsten – ganz abgesehen davon, daß es den Pferden unangenehm ist, wenn man gegen den Strich putzt.

UMGANG MIT STRIEGEL UND KARDÄTSCHE

Mit dem Striegel lockert ihr den groben Schmutz im Fell und auf der Haut, und mit der Kardätsche wird der Schmutz dann rausgebürstet.

Früher beim Militär hieß es, man müsse das Pferdefell kräftig gegen den Strich striegeln, damit man allen Schmutz herausbekäme. Daß das nicht richtig ist, wißt ihr mittlerweile.

Ihr striegelt euer Pferd also entweder immer in Fellrichtung oder in kleinen Kreisen, und ihr drückt nur dann kräftig auf den Striegel, wenn ihr in Fellrichtung putzt.

Schon bald sammelt sich der Schmutz im Striegel. Deshalb müßt ihr ihn ausklopfen. Dazu schlagt ihr den Striegel kurz auf den Fußboden, und der Schmutz fällt zur Erde.

Wenn ihr euer Pferd rundum so bearbeitet habt, könnt ihr den Striegel noch nicht aus der Hand legen, denn ihr braucht ihn noch.

Jetzt bürstet ihr dem Pferd mit der Kardätsche den lockeren Schmutz aus dem Fell. Schmutz- und Staubpartikel bleiben in der Kardätsche hängen. Um die Kardätsche zu säubern, dreht ihr den Striegel mit der „Kratzseite" nach oben und streicht mit der Kardätsche darüber. Jetzt fällt der Schmutz in den Striegel, den ihr wiederum auf dem Boden ausklopft. So bleiben eure Putzgeräte immer sauber.

TIP
Eine besonders schöne Kardätsche, die mit gutem Leder überzogen ist und Naturborsten hat, ist ein tolles Geschenk!

Wenn ihr mehrere Bürsten verwendet, solltet ihr zu Beginn des Putzens immer erst die gröberen für starke Verschmutzungen nehmen und danach die weichen für den feinen Staub. Es gibt superfeine Kardätschen mit ganz weichen Haaren, die extra dafür da sind, Pferde glänzend zu putzen.

Jetzt aber endlich ans Putzen!

KOPF UND HALS

Am Kopf des Pferdes befinden sich alle seine Sinnesorgane: die Ohren, die Augen, die Nüstern und die langen Tasthaare. Der Kopf ist daher der empfindlichste Körperteil des Pferdes und soll entsprechend sanft geputzt werden.

Hinzu kommt, daß hier alle Nerven relativ dicht unter der Haut liegen, denn der Pferdekopf ist mit ziemlich wenig Fleisch gepolstert. Grobes Putzen mit dem Striegel würde dem Pferd hier also großen Schmerz bereiten.

Natürlich könnt ihr einem Pferd, das sich gerade genüßlich gewälzt hat und über und über mit einer dicken Dreckschicht bedeckt ist, den Lehm mit einer groben Bürste aus dem Gesicht bürsten. Aber ihr müßt sorgfältig darauf achten, daß ihr mit den Borsten nicht in die Nähe der Augen kommt und alle unbehaarten Stellen wie beispielsweise Nüstern und Maul auslaßt.

Am besten ist für den Kopf eine kleine Bürste geeignet, wie man sie in Drogerien als Badebürste bekommt. Sie liegt gut in der Hand und hat gerade die richtige Härte, um den Kopf zu reinigen und dem Pferd trotzdem nicht weh zu tun.

Ihr bürstet den Pferdekopf also vorsichtig ab und vergeßt dabei nicht, das Halfter hochzuheben und auch die Stellen hinter den Ohren zu säubern, die vom Schweiß unter dem Kopfstück oft verklebt sind.

Die Ohren selbst bürstet ihr nur ganz vorsichtig von außen. *Niemals darf man mit einer Bürste in die Ohren gehen!* Das Innere der Ohren ist durch feine Haare geschützt. Nässe und auch kleine Insekten können daher nicht ins Ohr gelangen. Diesen empfindlichen Körperteil solltet ihr auch beim Putzen sehr, sehr vorsichtig behandeln.

Den Hals dagegen könnt ihr ruhig mit dem Striegel bearbeiten, wenn es nötig ist. Ihr beschreibt dabei entweder mit dem Gummistriegel kleine Kreise, oder ihr streicht mit dem Eisenstriegel immer in Fellrichtung. Das kann in langen Strichen geschehen, denn das Fell wächst hier ganz glatt.

TIP
Denkt immer daran, die Mähne auch auf die andere Seite zu kippen, damit ihr den Hals unter der Mähne und den Haaransatz sauberbürsten könnt.

Wichtig sind die Stellen unter der Mähne – besonders dann, wenn die Mähne dick und lang ist. In diesem Fall müßt ihr die Mähne strähnenweise hochheben und den Hals darunter sorgfältig säubern. Damit beginnt ihr am besten beim Kopf und arbeitet euch bis zur Schulter nach hinten und unten durch.

DER RUMPF

Der Rumpf ist am einfachsten zu putzen; er ist auch der unempfindlichste Teil des Pferdekörpers, den ihr reinigen müßt.
Ihr beginnt am Widerrist – das ist die Stelle zwischen Hals und Rücken, die etwas hervorsteht. Vorsicht! Der höchste Punkt des Widerristes ist oft mit wenig Fleisch bedeckt, direkt unter der Haut liegt ein Wirbelknochen! Diese Stelle solltet ihr nicht mit dem Striegel bearbeiten, hier reicht eine kräftige Bürste aus.
Ihr nehmt euch erst eine Körperseite vor, dann die andere. Natürlich vergeßt ihr auch nicht, zwischen den Beinen zu put-

zen. Gerade hinter dem Ellenbogen – das ist die Stelle, an der das Vorderbein in den Rumpf mündet – schwitzen die Pferde oft; hier muß besonders gründlich geputzt werden.

Am Bauch müßt ihr die Stellen, auf denen der Sattelgurt liegt, besonders beachten.

TIP

Denkt immer daran, daß das Putzen nicht nur Fellpflege ist, sondern daß ihr dabei auch engen Kontakt zum Pferd habt. Redet also beim Putzen ein bißchen mit eurem Pferd.

Ihr solltet euch angewöhnen, bei jedem Putzen mit der Hand nachzufühlen, ob sich nicht irgendwo eine Druckstelle oder ein Knübbelchen befindet. Sollte euch so etwas auffallen, dann müßt ihr sofort nachsehen. Denn solche „Kleinigkeiten" können zu Druckstellen führen, die für das Pferd sehr schmerzhaft sind. Überhaupt solltet ihr beim Putzen auf alles Ungewöhnliche achten: Ist hier etwas geschwollen? Hat das Fell dort einen Kratzer, oder fallen an einer Stelle die Haare aus? Alles das müßt ihr sorgfältig beobachten. Wenn ihr eine Verletzung, eine Druckstelle oder etwas anderes entdeckt, das euch nicht geheuer ist, solltet ihr sofort den Besitzer des Pferdes oder eine andere erfahrene Person informieren!

DIE BEINE

An den Beinen hat der Striegel nichts zu suchen, denn sie sind fast fleischlos, und der Striegel könnte den Pferden dort weh tun. Also nehmt ihr die Reisbürste und bürstet erst mal den groben Schmutz aus dem Fell – immer von oben nach unten.

Besonders müßt ihr auf die **Fesselbeuge** und den **Fesselbehang** achten, dort setzt sich oft Schmutz ab. Wenn ihr mit den Fingern vorsichtig unter die Haare fahrt, spürt ihr kleine Schmutzklümpchen besser, als wenn ihr nur mit der Bürste darübergeht. Die Fesselbeuge ist sehr empfindlich – dort hat also eine grobe Bürste ohnehin nichts zu suchen.

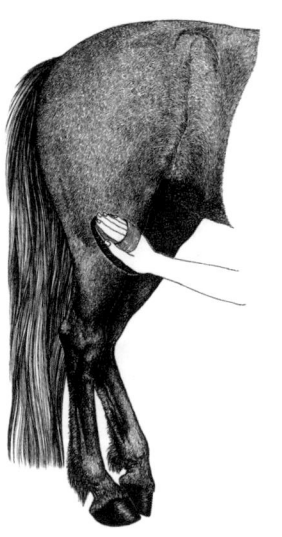

Nach dem Entfernen des groben Schmutzes bürstet man mit einer feinen Bürste nach. Kleine Bürsten sind für die Beine allerdings besser geeignet als große Kardätschen

Vorsichtig müßt ihr auch die Innenseite der Hinterbeine behandeln: Sie ist dünner behaart als die Außenseite! Auch hier sind Pferde ziemlich empfindlich, und manche sind hier sehr kitzlig. Also verwendet ihr dort besser keine grobe Bürste und schon gar keinen Striegel.

Wenn ihr den groben Schmutz von den Beinen entfernt habt,

nehmt ihr eine feine Bürste und bürstet nach. An den Beinen ist eine kleine Bürste übrigens praktischer als die üblichen großen Kardätschen – aber das werdet ihr selbst merken.

NACH DEM REITEN: BEINE ABSPRITZEN

Nach anstrengender Arbeit tut es den Pferden gut, wenn man ihnen die Beine mit kühlem Wasser abspritzt. Aber Vorsicht: Das Wasser darf nicht eiskalt und der Strahl nicht zu hart sein – das tut den Pferden nämlich weh.

TIP
Wenn ihr wißt, daß ihr nach der Reitstunde eilig weg-müßt, solltet ihr lieber etwas früher mit dem Reiten aufhören. Die Zeit, euer Pferd nach der Arbeit gründ-lich zu reinigen, müßt ihr immer haben. Das ist näm-lich wichtiger als ein paar Minuten mehr im Sattel.

Man spritzt immer zuerst die Hinterbeine ab und beginnt unten bei den Hufen. Denn kühles Wasser ist den Pferden zwar ange-nehm, aber es kann für den erhitzten Pferdekörper ein Schock sein, wenn die Kälte zu plötzlich kommt. Deshalb beginnt man mit dem Abspritzen an der Stelle des Körpers, die am weitesten vom Herzen entfernt ist: an den Hinterhufen.
Langsam geht man mit dem Wasserstrahl an den Hinterbeinen immer höher – bis zum Sprunggelenk. Dann spritzt man die Vor-derbeine ab, man geht mit dem Wasser aber nicht weiter als bis zum Ellenbogen.
Ihr merkt schon: Abgespritzt werden nur die Körperteile, die

Wie putzt man ein Pferd?

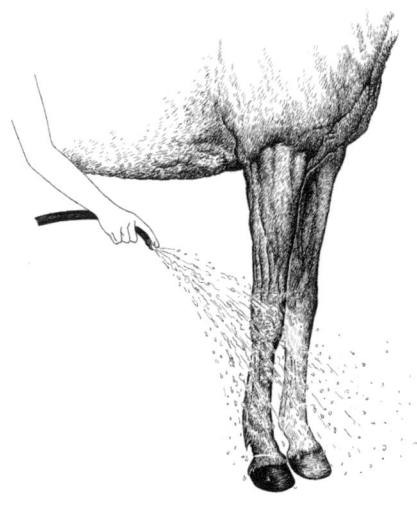

Wenn man die Fingerspitze vorne auf den Schlauch legt, nimmt man dem Wasserstrahl die Härte. Das ist für das Pferd angenehmer

fast fleischlos sind. Würde man den kühlen Wasserstrahl nämlich auf den mit Fleisch und Muskeln bepackten Rumpf richten, so würden sich die Muskeln unter der Kälte plötzlich zusammenziehen. Sie würden dann nicht mehr richtig durchblutet, und das Ergebnis wäre ein scheußlicher Muskelkater.

Wenn ihr die Beine abgespritzt habt, streicht ihr das Wasser mit der Hand nach unten ab. Abtrocknen müßt ihr die Beine nicht, die verbleibende Nässe kühlt die Beine noch angenehm weiter.

MÄHNE UND SCHWEIF VERLESEN

In vielen Büchern liest man, daß man Mähne und Schweif nicht bürsten darf, sondern daß man sie mit der Hand **verlesen** sollte, weil man den Pferden sonst die Haare ausreißt.

„Verlesen" bedeutet, daß man vom Haaransatz an jedes einzelne Haar in die Hand nimmt und die Haare so entwirrt. Das ist eine Riesenarbeit, die bei einem dicken Schweif ohne weiteres eine halbe oder ganze Stunde dauern kann. Das ist natürlich eine schrecklich lange Zeit – aber das Ergebnis ist toll: Schweif und Mähne fallen dann wirklich voll und locker! So kriegt man das mit Bürsten nicht hin ... Deshalb soll hier einmal genau beschrieben werden, wie man beim Verlesen vorgeht.

Beim **Verlesen des Schweifes** nehmt ihr den ganzen Schweif ziemlich weit oben in eine Hand und umfaßt ihn fest. Mit dem Verlesen beginnt ihr mit der anderen Hand ganz oben an der Schweifrübe: Ihr zieht jedes Haar einzeln heraus und laßt es hängen.

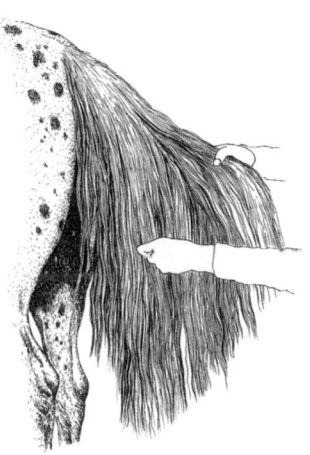

Beim Verlesen des Schweifes nimmt man jedes Haar einzeln in die Hand. So kann man verheddert oder verknotete Haare gut entwirren

Mit der Zeit merkt ihr, daß ihr mit der Hand, die den Schweif festhält, weiter nach unten gehen müßt, um weitere Haare herausziehen zu können. Zwischendurch müßt ihr den bereits verlesenen Rest des Schweifs immer wieder schütteln, damit er sich nicht verknotet.

Zum Schweifverlesen gehören Geduld und Geschick. Probiert es mal, wenn ihr richtig Zeit habt!

Ähnlich geht man beim **Verlesen der Mähne** vor. Hier beginnt ihr am Widerrist, damit das schon sortierte Haar locker fallen kann. Haar für Haar nehmt ihr in die Hand und laßt es durch die Finger gleiten. Schon nach ein paar Minuten werdet ihr sehen, wie schön die Mähne fällt!

Nach dem Verlesen könnt ihr dann getrost der Mähne und dem Schweif mit der Bürste Glanz verleihen. Die Gefahr, Haare auszureißen, besteht jetzt ja nicht mehr, denn die Haare sind schon entwirrt und hängen glatt herunter.

TIP
Ihr wißt, es dauert eine Ewigkeit, Mähne und Schweif zu verlesen. Aber das Ergebnis kann sich dann auch sehen lassen. Damit euch bei der Arbeit nicht zu langweilig wird, könnt ihr euch ja mit einer Freundin zum Verlesen verabreden. Entweder verliest eine die Mähne und die andere den Schweif – oder ihr habt zwei Pferde und macht alles zur gleichen Zeit.

DAS BÜRSTEN VON MÄHNE UND SCHWEIF

Natürlich kann man die Mähne und den Schweif auch bürsten – aber mit System, denn es sollen ja nur die Haare ausgebürstet werden, die sowieso schon locker sind.

Wie putzt man ein Pferd?

Für Mähne und Schweif benutzt ihr eine grobe Bürste mit langen Borsten, damit ihr auch gut durch die einzelnen Haarsträhnen kommt und nicht nur darüberbürstet.

Den **Schweif** streicht ihr mit beiden Händen von oben nach unten glatt und nehmt dann unten etwa eine Handbreit Haare ganz fest in eine Hand.
Die bürstet ihr jetzt mit der anderen Hand aus. Wenn sich hier ein Knoten gebildet hat, löst er sich ziemlich schnell, weil ihr ja nur einen kurzen Abschnitt festhaltet. Das ist wichtig, denn wenn ihr den Schweif nicht festhalten würdet, würde dem Pferd das Ziehen und Ziepen weh tun!
Wenn ihr das erste Stückchen Schweif sauber ausgebürstet habt, greift ihr höher in Richtung Schweifrübe und nehmt ein weiteres Stück Schweif in die Hand. Das bürstet ihr jetzt glatt, und so arbeitet ihr euch langsam von unten nach oben vor. Nach einiger Zeit seid ihr an der Schweifrübe angelangt und könnt den ganzen Schweif in langen Strichen bürsten.
Zum Schluß nehmt ihr den Schweif einmal hoch und bürstet die Haare direkt von der Schweifrübe weg – das gibt noch mehr Volumen. Danach sieht der Schweif ganz glatt und gepflegt aus!

Bei der **Mähne** beginnt ihr am Widerrist. Die ersten kurzen Haare könnt ihr noch einfach ausbürsten, aber sobald sie weiter oben länger werden, müßt ihr doch Strähne für Strähne in die Hand nehmen, unter dem Haaransatz festhalten und vorsichtig entwirren.
Wenn die Mähne nicht allzu lang und verwirrt ist, könnt ihr auch versuchen, vorsichtig zuerst die Spitzen mit der Bürste zu glätten. Sowie ihr aber auf verknotete Haare stoßt, müßt ihr den Knoten vorsichtig entwirren, indem ihr die Haare oberhalb des

Wenn die Mähne
fertig entwirrt ist
und locker fällt,
kann man sanft mit
einer Bürste
darübergehen

Knotens in eine Hand nehmt und festhaltet, sonst reißt ihr sie aus und tut dem Pferd damit weh.

Erst wenn die Mähne glattgebürstet ist und keine Knoten mehr aufweist, könnt ihr sie mit dem Mähnenkamm kämmen.

Die gut gepflegten Mähnen und Schweife von Stallpferden machen nicht allzuviel Arbeit, wenn sie täglich gebürstet werden. Die windzerzausten Mähnen und dichten Schweife von Robustpferden stellen die Pfleger dagegen vor ganz andere Probleme! Es macht richtig viel Arbeit, solche Mähnen und Schweife dazu zu bringen, daß sie schön glänzen und glatt fallen. Darüber lest ihr am besten im Kapitel über Robustpferde auf den Seiten 82 bis 84 weiter.

GLÄNZEND PUTZEN

Zum Schluß, wenn euer Pferd schon schön sauber ist, könnt ihr seinem Fell noch einen Extraglanz geben. Dazu fahrt ihr mit einem Wollappen in langen Strichen über das Fell. Nach ein paar

Strichen staubt ihr den Lappen durch Ausklopfen aus – aber bitte ein paar Schritte vom Pferd entfernt!
Statt Lappen kann man auch superfeine Bürsten mit ganz besonders weichen Haaren oder Lammfell-Putzhandschuhe verwenden.

AUGEN, NÜSTERN, AFTER UND GESCHLECHTSTEILE

Diese Bereiche werden zum Schluß gereinigt, denn für sie verwendet man feuchte Schwämme. Nach dem Säubern ist die Haut hier feucht, und der beim Putzen aufgewirbelte Staub könnte sich an diesen Stellen festsetzen. Das muß nicht sein.
Für diese Körperteile benutzt ihr zwei verschiedene Schwämme – das habt ihr ja schon gelesen.

Zuerst fahrt ihr mit dem leicht feuchten Gesichtsschwamm vorsichtig um die **Augen** herum, vielleicht auch einmal von oben über die geschlossenen Augen. Im Augenwinkel sammeln sich manchmal Schleimreste; die wischt ihr hauchzart vom Auge weg. Danach sollte die Haut rund ums Auge sauber aussehen.

TIP
Zum Auswaschen von Augen, Nüstern und After solltet ihr niemals Wolltücher nehmen. Die fusseln nämlich, und das ist für das Pferd sehr unangenehm.

In den **Nüstern** setzt sich oft feiner Staub ab, wenn die Pferde im Heu wühlen oder prusten. Diesen Staub entfernt ihr mit dem nur ganz leicht feuchten Schwamm. Natürlich braucht ihr nicht tief in die Nüstern zu gehen; es reicht, wenn ihr den äußerlich sichtbaren Bereich reinigt.

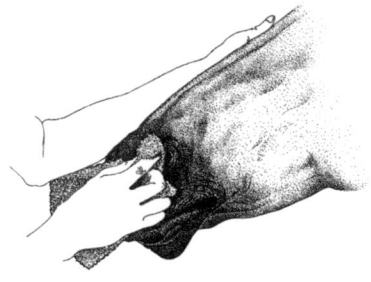

Der äußerlich sichtbare Bereich der Nüstern wird mit einem feuchten Schwamm gesäubert

TIP
Wenn ihr euer Pferd in einer Halle reiten wollt, in der es vielleicht staubt, solltet ihr vorher die Nüstern nicht auswischen. Denn in den feuchten Nüstern könnten sich beim Reiten Staubklümpchen festsetzen.

Den **After** müßt ihr nicht unbedingt feucht auswischen, wenn er nicht verschmutzt aussieht. Die meisten Pferden koten sauber, so daß sich am After kein Schmutz festsetzt. Solltet ihr doch einmal Kotreste entdecken, dann wischt ihr sie mit dem feuchten zweiten Schwamm weg.
Manchmal haben Pferde beim Reiten so sehr unter dem Schweif geschwitzt, daß sich hier Staub festgesetzt hat; auch der wird feucht entfernt. Wenn der Schmutz einmal nicht leicht zu lösen ist, dürft ihr hier auf keinen Fall kratzen, denn die Haut ist um den After herum besonders dünn. Bei hartnäckigem Schmutz macht ihr den Schwamm etwas nasser, am besten mit

Wie putzt man ein Pferd?

lauwarmem Wasser, und weicht die Stelle ein. Wenn der Schmutz dann aufgeweicht und entfernt ist, müßt ihr die Haut gut abtrocknen.

Schaut auch mal dort nach, wo der Schweif beginnt, also ganz oben seitlich von der Schweifrübe. Auch hier schwitzen Pferde oft, und dann kann sich Staub festsetzen, der die Pferde juckt. Wenn man den Staub nicht entfernt, scheuern die Pferde sich den Schweif, weil sie diese Stelle sonst nicht erreichen können.

Die **Geschlechtsteile** der Pferde braucht ihr normalerweise nicht zu säubern.

Die **Scheide** der Stuten befindet sich unter dem After. Die Natur hat es so eingerichtet, daß der Kot vom After nicht in die Scheide gelangen kann. Deshalb solltet ihr die Scheide ganz in Ruhe lassen. Sie ist innen mit einer weichen Schleimhaut ausgekleidet, die schmutzabwehrend wirkt. Die Reinigung erledigt die Natur also ganz von selbst.

Der **Penis** der Hengste und Wallache – manche Leute nennen ihn auch **Schlauch** – verschmutzt manchmal. Dann setzen sich gelbliche Plättchen ab, die sanft entfernt werden müssen. Das solltet ihr aber nicht tun, denn das ist eine Sache für Fachleute und muß auch nur selten gemacht werden.

SCHIMMEL UND RAPPEN – DIE PROBLEMFARBEN

Schimmel und Rappen sind auffallende Pferde. Herrlich, wie ein Rappe in der Sonne glänzt! Und das strahlend weiße Fell eines Schimmels ist einfach betörend schön. Leider brauchen diese Pferde aber auch besonders viel Pflege.

Wie putzt man ein Pferd?

Die Pflege von Schimmeln und Rappen erfordert besonders viel Gründlichkeit

Man sollte nicht glauben, wie lange man an einem Rappen herumputzen muß, bis er wirklich glänzt! Jeder kleine Fleck fällt besonders auf und ist nur sehr schwer zu entfernen.

Um einen Rappen zum Glänzen zu bringen, solltet ihr nach der üblichen Putzprozedur eine ganz, ganz feine Kardätsche nehmen und mit ihr in langen Strichen am Pferdekörper entlanggehen – so, daß der Staub immer in der Kardätsche hängenbleibt und nicht irgendwo „unterwegs" am Pferdekörper. Bei Rappen sieht man nämlich jedes Staubkorn *sofort*!

Ganz zum Schluß fahrt ihr mit einem Wollappen oder einem Lammfell-Putzhandschuh über das Fell – und wenn dann kein Stäubchen mehr an eurem Rappen ist, glänzt er wirklich unvergleichlich schön.

Den Glanz eines Rappen hat ein Schimmel selten – obwohl es weiße Pferde mit einem ganz besonderen metallischen Schimmer gibt; die Camarguepferde haben diesen Glanz, bei Pferden anderer Rassen sieht man ihn selten.

Dafür bezaubert beim Schimmel das reine Weiß. Aber das ist schwer zu erhalten. Es soll Leute geben, die ihren Schimmel vor jedem Ausritt waschen, damit er wirklich sauber ist. Das ist natürlich Unsinn, und für die Pferdehaut ist das ständige Waschen nicht gut. Aber ein Schimmel mit Mistflecken im Fell oder im Schweif ist auch nicht schön.

Da hilft nur Putzen, und zwar täglich. Hat ein Schimmel sich in den Kot gelegt, so muß man die Stelle mit klarem Wasser abwaschen, bis sie völlig sauber ist. Denn Kot ist ein organischer Stoff, der tief ins Fell dringt. Läßt man ihn zu lange einwirken, wird das Fell gelblich. Und diesen Gelbstich bekommt man dann fast nicht mehr heraus.

TIP
Schimmel und Rappen kann man besonders gut mit einem sogenannten Kaktustuch putzen. Das ist ein aus Luffawurzeln gewebtes feines Tuch, das alle Schmutzränder prima entfernt.

Schmutzflecken bei Schimmeln müssen also *sofort* gründlichst entfernt werden – egal, ob man reiten will oder nicht. Wenn ihr das täglich macht, ist es auch nur eine kleine Arbeit – aber wehe, wenn das Fell erst mal richtig verschmutzt ist: Dann ist es eine Riesenarbeit, es wieder schön weiß zu bekommen.

Die Pflege von robust gehaltenen Pferden

Mähne und Schweif bieten Robustpferden einen wichtigen
Schutz vor Regen und Schnee, aber auch vor Insekten und Hitze

WAS IST ANDERS BEI ROBUSTPFERDEN?

Robustpferdehaltung nennt man eine Haltungsform, bei der die Pferde in einem Auslauf oder auf einer Weide leben und jederzeit Zugang zu einem Offenstall haben.

Diese Haltungsform macht Pferde wohl am glücklichsten, weil sie sich auch dann bewegen können, wenn sie nicht arbeiten müssen, und weil sie immer mit anderen Pferden zusammen sind.

Außerdem bietet die Robusthaltung all das, was ein Pferd neben Futter und Wasser dringend zum Leben braucht: Licht und Luft, Wind und Regen, Hitze und Kälte. Diese natürlichen Einflüsse sind wichtig für Pferde, sie regen ihren Stoffwechsel an und halten sie gesund.

Angepaßt an die Jahreszeiten wechseln die Pferde auch ihr Fell: Im Sommer ist es seidig und läßt den kühlenden Wind an die Haut, und im Winter ist es dicht und lang. Wenn das Winterfell dann im Frühjahr wieder ausfällt, gibt es viel Putzarbeit!

FELLWIRBEL

Bei robust gehaltenen Pferden sind die Fellwirbel von besonderer Bedeutung. An ihnen läuft das Regenwasser ab, so daß es das Fell nicht total durchnässen kann.

Wenn es regnet, bilden sich überall im Pferdefell Dreiecke aus jeweils ein paar Haaren, die an den Spitzen zusammenlaufen. Dann sieht das Fell aus, als sei es mit vielen winzigen Dachziegeln bedeckt, die das Wasser ableiten. An den nach oben laufenden Fellwirbeln wird das Wasser dann gestoppt und läuft schnell seitwärts nach unten.

FETT AUF DER HAUT

Das Fell des draußen lebenden Pferdes ist fetthaltiger als das Fell eines Boxenpferdes. Das sogenannte **Hautmehl**, wie man die feine Fettschicht nennt, schützt die Haut vor zuviel Kälte und umhüllt jedes einzelne Haar.

Deshalb soll man im Winter draußen lebende Pferde nicht stark mit dem Striegel putzen – sonst putzt man nämlich das Hautmehl aus dem Fell und nimmt dem Pferd dadurch einen wichtigen Kälte- und Nässeschutz.

Wenn man Robustpferde im Winter reitet, muß man sie unbedingt „staubtrocken" nach Hause bringen. Denn ein vom Schweiß verklebtes Fell schützt überhaupt nicht mehr vor Kälte und Nässe!

PUTZEN IM SOMMER

Draußen gehaltene Pferde brauchen im Sommer viel weniger Fellpflege als Stallpferde. Wind und Sonne, Regen und ausgiebiges Wälzen nehmen uns einen großen Teil unserer Arbeit ab.

Gesunde Robustpferde haben im Sommer von selbst ein glänzendes Fell. Selbst wenn sie sich gewälzt haben und wirklich total verdreckt aussehen, sorgt das Fett im Fell dafür, daß der Schmutz wieder abfällt – und am nächsten Tag sind die Pferde wieder sauber und glänzend.

Ein robust gehaltenes Pferd braucht man also nicht wie ein Stallpferd jeden Tag zu putzen, denn das erledigt schon die Natur. Wir putzen Robustpferde nur dann, wenn wir sie reiten oder anspannen – und zwar vor und nach der Arbeit.

Lediglich die Hufe werden täglich kontrolliert, und ihr solltet mit der Hand einmal am Tag am Pferdekörper entlanggehen. Dann entgeht es euch nicht, wenn das Pferd irgendwo vielleicht eine Bißwunde oder einen Insektenstich hat.

TIP

Wenn das Fell eines Pferdes glänzt, liegt das nicht nur am Putzen, sondern auch am Futter. Viel Glanz gibt gekochter Leinsamen, den man dem Pferd ins Futter geben kann. Er muß gekocht sein, weil er roh giftig ist. Sprecht doch mal mit demjenigen darüber, der für die Fütterung eures Pferdes verantwortlich ist!

HUFPFLEGE IM SOMMER

In normalen Sommern, in denen sich Sonne und Regen abwechseln, braucht ihr die Hufe von robust gehaltenen Pferden nur vor und nach dem Reiten auszukratzen. Die notwendige Feuchtigkeit bekommen die Hufe durch den Morgentau im Gras.
In trockenen Sommern müßt ihr den Hufen aber doch Feuchtigkeit zuführen, damit sie sich nicht zusammenziehen.

TIP

Wenn die Hufe eures Pferdes schlecht wachsen, könnt ihr sie zweimal in der Woche mit Lorbeeröl pflegen. Man bekommt dieses Öl im Reitsportgeschäft. Ihr massiert das Öl mit einer alten Zahnbürste sanft in den Kronrand ein.

In solchen Zeiten solltet ihr die Hufe genau wie bei Stallpferden zweimal wöchentlich gründlich waschen. Vielleicht habt ihr auch die Möglichkeit, in einen Bach zu reiten. Wenn ihr darin mit eurem Pferd ein paar Minuten stehenbleibt, nehmen die Hufe die notwendige Feuchtigkeit auf.

VOR DEM REITEN:
VORSICHT, DRUCKGEFAHR!

Wirklich wichtig sind vor dem Reiten all die Stellen, die mit dem Kopfstück oder dem Sattel in Berührung kommen. Denn jeder Druck, auch noch der kleinste, kann irgendwann zu einer schmerzenden Scheuerstelle führen. Daher muß man dafür sorgen, daß die Haut überall dort, wo Druck entstehen kann, absolut sauber ist.

Die Sattellage auf dem Rücken, also die Stelle, auf der der Sattel liegt, beginnt am Widerrist. Zuerst müßt ihr sie mit einer groben Bürste reinigen, dann mit einer feinen. Wichtig ist es, genau darauf zu achten, daß nirgends mehr ein Schmutzklümpchen ist, das scheuern könnte.

Vergeßt auch nicht, die Kruppe zu putzen. Die Kruppe liegt gerade bei Ponys oft ein bißchen höher als der Rücken, und von dort könnte während des Reitens vielleicht Schmutz unter den Sattel rutschen.

Genauso wichtig wie die Sattellage ist die Gurtlage, also die Stellen am Bauch und hinter den Ellenbogen des Pferdes, auf denen der Sattelgurt liegt. Auch die Gurtlage muß absolut sauber sein, denn ein **Gurtdruck** kann durch Schmutz verursacht werden.

Am Kopf sind alle Stellen wichtig, auf denen das Kopfstück aufliegt. Ganz besonders müßt ihr auf die Gegend hinter den Ohren achten, sie ist sehr empfindlich. Unterm Kinn vergißt man leicht zu putzen – aber hier liegt bei manchen Zäumungen der Kinnriemen oder die Kinnkette. Und die können ganz schön scheuern, wenn das Pferd beim Reiten schwitzt. Auch der Kopf muß also sorgfältig gereinigt werden – selbst wenn ihr nur „mal schnell" reiten wollt.

Daß ihr euer Pferd normalerweise aber am ganzen Körper putzt, ist ja wohl klar – nicht?

TIP
Vorsicht bei den langen Haaren um die Augen, das Maul und die Nüstern des Pferdes – sie sind sensible Tasthaare. Behandelt sie also ganz sanft. Und selbstverständlich werden sie niemals abgeschnitten – das ist Tierquälerei!

MÄHNE UND SCHWEIF

Mähne und Schweif des robust gehaltenen Pferdes dürfen *niemals* abgeschnitten oder gar abrasiert werden. Das Pferd braucht sie zum Schutz vor Regen und Schnee, vor Hitze und Insekten.

An der Mähne läuft der Regen nach unten ab. Sie sorgt also dafür, daß das Fell dort nicht durchnäßt wird, wo sich die empfindlichen Atemwege und die Lunge befinden.

Der dichte Schweif des Robustpferdes sieht oben am Ansatz wie ein breites und wärmendes Dach aus, und das hat seinen

Grund: In der kalten Jahreszeit stellt sich das Pferd oft mit der Kruppe gegen den Wind. Die gut gepolsterte Hinterhand mit den vielen Muskeln und der dichte Schweif schützen dann die empfindlichen inneren Organe vor der Kälte.

Würde man den Schweif abschneiden oder am Ansatz seitlich abrasieren, wie es – leider! – bei Stallpferden oft gemacht wird, würde man das Pferd eines wichtigen Schutzes berauben.

Deshalb müssen Mähne und Schweif auch äußerst vorsichtig gekämmt werden.

Es ist natürlich schön, wenn die Mähnen von Ponys oder von robust und glücklich gehaltenen Großpferden locker und luftig wehen. Aber es ist schwierig, das bei einem Robustpferd jeden Tag zu bewerkstelligen, denn der Wind verheddert die Mähne immer wieder. Und wenn die Pferde sich gerade gegenseitig die Mähnen gekrault haben, ist es gar nicht so einfach, die Haare wieder zu entwirren.

TIP
Bei manchen Pferderassen wie beispielsweise den Haflingern fällt die Mähne oft auf beide Halsseiten. Das nennt man Doppelmahne, und die soll so sein. Also versucht nicht, sie auf eine Seite zu bürsten.

Selbstverständlich sollen Mähne und Schweif gepflegt werden. Aber natürlich lebende Pferde müssen nicht bei jedem Ausritt aussehen wie auf einem Turnier!

Normalerweise reicht es, wenn kein Stroh in Mähne und Schweif hängt und das Langhaar einigermaßen locker fällt. An besonderen Tagen oder wenn ihr mal viel Zeit habt, könnt ihr Mähne und Schweif dann mit der Hand verlesen oder gründlich bürsten. Wie das geht, könnt ihr auf den Seiten 66 bis 70 nachlesen.

PUTZEN IM WINTER

Ihr habt bereits gelesen, wie wichtig die Fettschicht auf der Haut für robust gehaltene Pferde ist. Vor allem im Winter hat diese Schicht eine Schutzfunktion: Sie hält Kälte und Nässe von der Haut ab. Die Fettschicht darf deshalb nicht zerstört werden. Daher geht man im Winter niemals mit dem Igelstriegel bis auf die Haut. Wenn ein Pferd wirklich mal richtig dreckig ist, löst man den Schmutz mit dem Eisen- oder Gummistriegel und bürstet ihn mit einer groben Bürste aus.

Aus demselben Grund soll man Robustpferde im Winter auch nicht waschen. Nicht nur, daß sie sich erkälten könnten – das Shampoo würde auch die Fettschicht der Haut zerstören. Winterzeit ist also keine Zeit für Putzteufel!

Ihr könnt aber selbst sehen, wie schön glänzend und dick das Fell eines gesunden Robustpferdes ist – es braucht wirklich nicht viel Pflege.

TIP

Wenn der Kopf eures Pferdes mal richtig verdreckt ist, solltet ihr den Schmutz mit einem feuchten Schwamm abwaschen und den Kopf dann wieder gut abtrocknen. Die meisten Pferde mögen es nicht, wenn man sie zu fest am Kopf bürstet.

Regen und nasser Schnee werden von dem
dichten Fell abgeleitet. Zusätzlich wird die Pferdehaut durch eine
Fettschicht, das sogenannte Hautmehl, geschützt

Die Pflege von robust gehaltenen Pferden

Daß Mähne und Schweif natürlich belassen werden, habt ihr auch schon erfahren. Wenn ihr an eiskalten Wintertagen mal kalte Finger habt, dann legt eure Hände unter die Mähne eures Pferdes. Hier ist es trocken und warm. Ihr merkt jetzt selber, wie wichtig die lange dichte Mähne im Winter ist – natürlich nicht nur für eure Hände ...

Robust gehaltene Pferde darf man im Winter beim Reiten nicht zum Schwitzen bringen – wir sprachen schon darüber.

Sollte es aber doch einmal geschehen sein, dann müßt ihr bei eurem Pferd bleiben, bis es wirklich trocken ist. Reibt es mit Stroh ab, das ihr immer wieder erneuert. Oder legt ihm für kurze Zeit eine Decke über und führt es. Ihr dürft erst mit gutem Gewissen weggehen, wenn das Fell eures Pferdes wieder trocken und glatt ist. Das seid ihr eurem Pferd schuldig.

HUFPFLEGE IM WINTER

Draußen lebende Pferde haben bei regelmäßiger Hufkontrolle meistens gute Hufe, die wenig Pflege brauchen.

In langen Wintern aber, wenn die Pferde lange im Schnee oder im Matsch stehen, müßt ihr die Hufe vor übermäßiger Feuchtigkeit schützen. Dazu fettet ihr eurem Pferd dünn die Hufe ein. Vergeßt bitte die Hufsohle und den Strahl nicht, die sind der Feuchtigkeit ja auch ausgesetzt.

TIP

Im Gegensatz zum übrigen Putzzeug könnt ihr für alle Pferde im Stall dieselbe Dose Huffett nehmen. Hierbei besteht nicht die Gefahr, Krankheiten zu übertragen.

HUF-GRIP: EINE TOLLE SACHE!

Vielleicht habt ihr es schon einmal bei einem anderen Pferd gesehen oder euch bei eurem eigenen Pferd darüber geärgert, daß sich der Schnee unter den Hufen zusammenklumpt. Es sammelt sich immer mehr Schnee an, und die armen Pferde stolpern dann auf richtigen Stelzen, die sich fest in den Huf pressen.

Das passiert meist bei Pappschnee, der ja sehr wäßrig ist: Der Schnee friert an den Hufeisen an und klumpt sich dann unter der Sohle zusammen. An Reiten ist nicht mehr zu denken.

Aber es gibt eine Lösung für dieses Problem, und die heißt **Huf-Grip**. Das ist eine Art Gummiwulst, den der Schmied zwischen Huf und Eisen nagelt. Dieser Wulst ist elastisch, und er schleudert den Schnee regelrecht aus dem Huf – eine tolle Erfindung!

Aber beim Auskratzen der Hufe müßt ihr aufpassen: An den Enden der Hufeisen ist dieser Wulst locker, und ihr dürft ihn mit dem Hufkratzer nicht mit Gewalt nach innen ziehen. Also Vorsicht – und mit Gefühl die Hufe auskratzen!

Die Pflege von Stallpferden

Das Putzen mit dem Pferdestaubsauger ist vor allem in
großen Ställen üblich. Man sollte den Staubsauger aber nicht
zu häufig einsetzen, da man sonst die schützende
Fettschicht der Haut absaugt

Pferde, die in der Box gehalten werden, leben in einem Klima, das sich das ganze Jahr über kaum verändert. Natürlich ist es auch im Stall im Winter ein bißchen kälter als im Sommer. Aber die Temperaturunterschiede sind sehr viel geringer als draußen. Deshalb ist das Fell von Stallpferden auch im Sommer nicht so dünn und im Winter nicht so dick wie das von robust gehaltenen Pferden. In großen Ställen herrscht oft eine Art gleichmäßiges Treibhausklima. Das ist nicht unbedingt gesund für Pferde. Denn sie können zwar große Hitze und große Kälte gut ertragen – allerdings nicht, wenn sie intensiv geritten werden. Und das ist bei Stallpferden meist der Fall – vor allem bei Schulpferden.

DER MENSCH ALS ERSATZPARTNER

Robust gehaltene Pferde leben meist in einer Gruppe mit anderen Pferden zusammen. Wenn ein solches Pferd das Fell juckt, kann es sich entweder wälzen, oder es kann zu einem Freund gehen und ihn zum Fellkraulen auffordern.

Diese Möglichkeit hat ein Boxenpferd nicht. In der Box können sich zwar manche Pferde wälzen – aber meist nicht sehr ausgiebig, weil die Boxen zu eng sind. Und in einer Einzelbox ist niemand, der einem mal die Mähne oder die Kruppe beknabbern könnte!

Wenn wir Pferde in Boxen halten, nehmen wir ihnen also diese natürlichen Möglichkeiten der Fellpflege. Um so sorgfältiger müssen wir Menschen das Fell von Stallpferden pflegen! Denn unsere Pflege muß den Wälzplatz und den knabbernden Freund ersetzen.

EINMAL TÄGLICH GRÜNDLICH PUTZEN

Pferde, die in Reitställen stehen, werden meist morgens nach der ersten Mahlzeit gründlich geputzt. Wenn ihr ein Pflegepferd habt, könnt ihr natürlich nicht morgens putzen, denn dann seid ihr ja normalerweise in der Schule. Also putzt ihr, wenn ihr Zeit habt – auf jeden Fall aber, bevor das Pferd geritten wird.

Wenn euer Pferd nach dem letzten Reiten richtig gründlich geputzt wurde, reicht vor dem Reiten eine „Katzenwäsche". Das heißt, daß ihr sorgfältig die Hufe auskratzt und die Stellen sauber putzt, auf die Sattel und Kopfstück kommen. Selbstverständlich prüft ihr auch mit der Hand unter dem Bauch nach, ob sich da nicht vielleicht ein Dreckklümpchen befindet. Und ihr kämmt Mähne und Schweif ordentlich aus.

TIP
Fahrt mit dem Striegel mal über eure eigene Hand, bevor ihr ihn benutzt: Wenn er kratzt und schabt, solltet ihr ihn wegwerfen – genauso fühlt er sich nämlich auch auf der Pferdehaut an.

Viel wichtiger ist aber auch bei Stallpferden das Putzen nach dem Reiten. Ihr könnt die verschwitzte Sattel- und Gurtlage mit lauwarmem Wasser abwaschen, wenn ihr die Möglichkeit dazu habt. Wie auf Seite 113 beschrieben, streicht ihr das Wasser anschließend aus dem Fell; dann trocknet es schneller.

Wenn das Pferd stark geschwitzt hat, solltet ihr ihm eine leichte Decke zum Abschwitzen überlegen und es ein paar Minuten führen. Am besten wäre es natürlich, wenn sich das Pferd wälzen dürfte – aber dummerweise erlaubt das nicht jeder Pferdebesitzer.

Wenn das Pferd trocken ist, kratzt ihr die Hufe aus und spritzt sie eventuell ab, damit sie Feuchtigkeit bekommen.

PUTZEN MIT DEM STAUBSAUGER

In vielen großen Ställen hat es sich eingebürgert, die Pferde mit einem extra fürs Pferdeputzen konstruierten Staubsauger zu putzen.

Es ist nichts dagegen zu sagen, wenn man den Staubsauger ab und zu verwendet. Aber wenn man ihn jeden Tag einsetzt, saugt man auch die schützende Fettschicht, das sogenannte Hautmehl, ab. Diese feine Schicht schützt die Haut vor Verletzungen. Außerdem wird von ihr überschüssiges Fett an die Fellhaare abgegeben, die von dem Fett wie von einem Mantel hauchdünn eingehüllt sind und dadurch glänzen.

Zerstört man diesen Schutzmantel der Haut, so schadet man der Gesundheit des Pferdes. Denn die Haut ist ja ein riesiges Körperorgan, das im Gleichgewicht sein muß. Das machen sich manche Leute gar nicht klar. Sie wollen nur ein absolut staubfreies Pferd haben und vergessen darüber, wie wichtig der natürliche Hautschutz für das Wohlbefinden des Pferdes ist.

TIP
Manche Pferde sind am Bauch kitzlig – sie mögen es nicht, wenn man dort mit dem Staubsauger hantiert. Ihr solltet sie also am Bauch möglichst nur mit einer Bürste in Fellrichtung putzen.

Pferde, die ständig mit dem Staubsauger geputzt werden, neigen zu trockener Haut und leiden oft unter Juckreiz. Logisch – das natürliche Hautfett hat man ihnen ja abgesaugt. Also seid vorsichtig mit dem Staubsauger und putzt im Normalfall lieber mit der guten alten Kardätsche.

Wenn ihr aber ab und zu einen Pferdestaubsauger benutzt, solltet ihr ein paar Regeln beachten.

Ganz wichtig ist es, daß das Pferd nicht auf das Elektrokabel treten kann. Das kann nämlich einen Kurzschluß auslösen, und das Pferd kann sich sogar erheblich verletzen.

Außerdem muß man Pferde zuerst an das Geräusch des Staubsaugers gewöhnen. Selbst wenn sie den Staubsauger auf dem Rücken oder am Bauch schon dulden, können sie in Panik geraten, wenn ihr beim Saugen in die Nähe der Ohren kommt. Pferde hören ja phantastisch gut – und so ein Staubsaugergeräusch ist für sie nahe am Ohr *sehr* laut. Also gewöhnt euer Pferd langsam und geduldig daran.

An den Beinen nützt der Staubsauger recht wenig. Denn die Saugwirkung setzt erst dann ein, wenn die ganze Fläche der Bürste auf dem Fell aufliegt. Dazu sind die Beine aber zu schmal, deshalb nehmt ihr dafür besser eine Bürste.

Übrigens müßt ihr auch den Striegel oder die Bürste des Staubsaugers ab und zu säubern. Ihr könnt sie genauso waschen wie einen normalen Striegel oder eine normale Kardätsche. Bis zum nächsten Gebrauch müssen sie aber völlig trocken sein.

GESCHORENE PFERDE

Zweimal im Jahr wechseln die Pferde ihr Fell: Im Herbst wird es dick und lang, um sie vor der Kälte zu schützen; und zum Sommer hin verlieren sie das Winterfell wieder und bekommen ein feines, dünnes Haarkleid.

Stallpferde, die in einer warmen Box leben, brauchen ihr Winterfell aber nicht. Im Gegenteil: Es kann ihnen lästig oder hinderlich sein. Denn wenn sie arbeiten müssen, schwitzen sie in dem dicken Pelz. Und danach trocknet das naßgeschwitzte Fell lange Zeit nicht. Die nassen Haare werden dann mit der Zeit kalt und legen sich wie ein feuchter Umschlag um das Pferd. Das Pferd

Pferde, die im Winter intensiv arbeiten müssen, werden oft geschoren. In der Sattellage muß man die schützenden Haare aber stehenlassen

beginnt nun zu frieren und kann sich sogar schlimm erkälten. Wenn man mit Stallpferden im Winter also intensiv arbeiten will, sollte man sie scheren. Geschoren werden all die Stellen, an denen die Pferde besonders schwitzen, also der Hals, der Rumpf und der Bauch. Die Sattellage allerdings läßt man ungeschoren, denn sonst würde der Sattel ja direkt auf der Haut liegen.

Die Haut ist an den geschorenen Stellen fast schutzlos. Das bedeutet, daß ihr mit dem Striegel *sehr* vorsichtig umgehen müßt. Eigentlich benötigt ihr ihn bei geschorenen Pferden gar nicht, sondern könnt Schmutz und Schweiß einfach mit einer Kardätsche abbürsten.

Geschorene Pferde werden nach dem Reiten meistens mit einer Pferdedecke eingedeckt. Das ist auch in Ordnung, weil sie sonst vielleicht frieren würden. Aber nach etwa einer Stunde sollte man ihnen die Decke kurz abnehmen und ihnen den Schweiß aus dem Fell putzen. Denn der Schweiß verklebt die Haut. Das ist den Pferden nicht nur unangenehm, sondern schadet auch ihrer Gesundheit. Denn die Haut muß ja atmen können. Unter der Decke hat sie es damit schon schwer; da darf man nicht auch noch die Poren mit Schweiß verstopft lassen!

Schönheitspflege
für Pferde

Beim Verziehen der Mähne nimmt man sich eine Strähne nach der anderen vor und kürzt sie gleichmäßig mit dem Verziehmesser

Wenn man sich alte Bilder anschaut, sieht man oft Pferde mit ziemlich kurzen, ganz gerade abgeschnittenen Schweifen. Wir finden das heute scheußlich – aber damals fand man es schön.

Heute sieht man beispielsweise in anderen Ländern Pferde, deren Mähnen eingeflochten und mit breiten bunten Bändern verziert sind. Wir würden das hier niemals tun, weil es bei uns nicht üblich ist.

Das Schönheitsideal ist also auch in bezug auf die Pferde der Mode unterworfen, und viele Rassen haben ihre eigene Mode.

Norwegern beispielsweise schneidet man ihre zweifarbigen Mähnen auf eine ganz bestimmte Art: Die Mähnen werden so kurz geschnitten, daß sie hochstehen. Manchmal schneidet man die hellen Außenkanten sogar noch einen Zentimeter kürzer als die schwarzen Haare in der Mitte.

Arabischen Pferden und Friesen hingegen würde man niemals die Mähne schneiden – bei diesen Rassen heißt es: je länger, um so schöner. Das gilt übrigens für viele Pferderassen und vor allem für Robustpferde, denen man Mähne und Schweif natürlich wachsen läßt. Nur wenn die Mähne mal gar zu wild aussieht, verzieht man sie gerade. Aber ansonsten heißt es bei robust gehaltenen Pferden: Natur ist am schönsten!

MÄHNE VERZIEHEN

Die Mähne eines gepflegten Pferdes soll voll und glänzend fallen. Wenn die Unterkante der Mähne gleichmäßig verläuft, sieht die Mähne natürlich voller aus, als wenn mal eine Strähne länger und die nächste wieder kürzer ist. Deshalb wird die Unterkante auf eine Linie gebracht.

Wichtig ist es dabei, daß die Linie der Mähne der Form des Halses folgt. Nach hinten wird die Mähne also immer länger, so daß die Haare an der Schulter am längsten sind.

Damit die Mähne aber immer noch natürlich aussieht, wird sie nicht mit der Schere abgeschnitten, sondern mit einem speziellen Messer **verzogen**. Dazu nimmt man dieses Messer in die Hand und schneidet immer ein paar Haare gleichzeitig ab. Das Besondere an diesem Messer ist seine Konstruktion: Man kann damit gar nicht mehr als einige wenige Haare auf einmal abschneiden! Und so wird die Mähne zwar gleichmäßig gekürzt, aber nicht in einer harten geraden Linie – sie sieht immer noch ziemlich natürlich aus.

TIP

Wenn ihr ein Pferd habt, das traditionell eine spezielle „Frisur" hat – also beispielsweise ein Islandpferd mit dicker Wuschelmähne oder einen Norweger mit kurzer Stoppelmähne –, dann solltet ihr diese Tradition beibehalten. Sie macht in der äußeren Erscheinung auch das Besondere eures Pferdes aus.

Klar, daß eine lange gepflegte Mähne am schönsten ist. Aber bei uns ist es nun einmal Mode, beispielsweise Turnierpferde mit kurzgeschnittener und eingeflochtener Mähne vorzustellen. Man sagt, dadurch käme der Hals besser zur Geltung – na ja ...

Um die modischen kleinen Zöpfchen flechten zu können, muß die Mähne etwa eine Handbreit lang sein. Ist sie zu kurz, kann man keine Zöpfchen flechten. Ist sie zu lang, haben auch die Zöpfchen nicht die übliche Länge. Also muß die Mähne alle paar Monate der Mode entsprechend verzogen werden. Wenn man das regelmäßig macht, ist das Verziehen in ein paar Minuten erledigt.

SCHWEIF SCHNEIDEN

Auch ein langer Schweif, der fast bis auf den Boden reicht, sieht voller aus, wenn die Unterkante gerade verläuft.

Aber es ist gar nicht so einfach, einen dicken Schweif gerade abzuschneiden!

Dazu gibt es jedoch einen Trick: Ihr streicht mit beiden Händen von oben nach unten über den Schweif und dreht die Haare dabei sacht. Kurz über der Stelle, an der ihr den Schweif abschneiden wollt, nehmt ihr alle Haare fest in eine Hand und schneidet sie mit der anderen Hand ab. Dadurch, daß die Haare gedreht wurden, fallen sie nämlich gleichmäßig und natürlich.

Wie lang der Schweif sein soll, ist Geschmackssache. Beim Robustpferd läßt man ihn natürlich so lang wie möglich. Denn er dient im Sommer ja dazu, nach den Fliegen zu schlagen, und bietet im Winter Schutz vor Kälte und Nässe.

Bei gepflegten Reitpferden schneidet man den Schweif meistens kurz über dem Fesselgelenk ab, auf jeden Fall aber unterhalb des Sprunggelenks.

FESSELHAARE SCHNEIDEN

Es gibt Pferderassen, bei denen man die Fesselhaare, also den **Kötenbehang**, *niemals* schneidet. Dazu gehören beispielsweise die Friesen und alle Kaltblutrassen. Bei ihnen gehört der lange Fesselbehang einfach zum Erscheinungsbild, und die Pferdebesitzer sind stolz darauf.

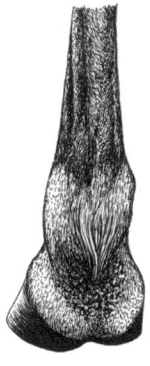

Wenn man der empfindlichen
Fesselbeuge ihren Schutz nimmt,
indem man die Fesselhaare
zu kurz schneidet, kann es
zu Verletzungen oder
Hautkrankheiten kommen

Auch bei Robustpferden schneidet man den Fesselbehang
nicht, weil er ja eine wichtige Schutzfunktion hat: Er leitet das
Wasser von den Beinen so ab, daß es nicht in die empfindliche
Fesselbeuge gelangen kann. Das Wasser tropft von der langen
Spitze des Fesselbehangs direkt auf die Erde.
Hinzu kommt noch, daß der Kötenbehang Fesselbeuge und Fesselgelenk vor Fremdkörpern und feuchtem Untergrund schützt.
Dornen beispielsweise bleiben in den Fesselhaaren hängen. Und
auch wenn ein Pferd längere Zeit im nassen Gras steht, schützt
der Kötenbehang die empfindliche Fesselbeuge. Die Haare haben also – wie überall am Pferdekörper – auch an dieser Stelle
ihren Sinn. Deshalb sollte man sie nicht total entfernen.
Wenn man sein Pferd gern eleganter aussehen lassen möchte,
kann man mit einer besonderen **Fesselschere** die Haare direkt
unter dem Fesselgelenk etwas kürzer schneiden. Aber man muß
darauf achten, daß man dem Behang die natürliche Spitze läßt,
damit auch an den kurzgeschnittenen Haaren noch das Wasser
ablaufen kann.
Niemals jedoch sollte man die Fesselbeuge ausrasieren! Leider

sieht man das manchmal, aber das ist wirklich ein gefährlicher Unsinn. Denn ohne Schutz ist die empfindliche Fesselbeuge sehr anfällig für Verletzungen und Hautkrankheiten wie beispielsweise die Mauke.

MÄHNE EINFLECHTEN

Es gibt verschiedene Arten, eine Mähne einzuflechten. Auf Turnieren sieht man meist die übliche zu kleinen Zöpfchen geflochtene kurze Mähne. Aber auch eine lange Mähne kann man schön einflechten!

Wenn ihr zu klein seid, um bequem arbeiten zu können, dann nehmt einen Strohballen und legt ihn neben das Pferd. Bitte keinen umgedrehten Eimer und keinen Stuhl! Das ist zu gefährlich. Wenn das Pferd mal erschrickt oder einen Schritt zur Seite tut, könntet ihr nämlich stolpern und fallen. Ein Strohballen hat eine breite Auflagefläche, und ihr könnt bequem darauf stehen. Ihr solltet aber eine Decke auf den Strohballen legen, damit ihr nicht mit den Füßen in den Schnüren hängenbleiben könnt, mit denen der Ballen zusammengebunden ist.

Zuerst soll von der kurzen Mähne die Rede sein, die etwa eine Handbreit lang ist. Ihr beginnt mit dem Einflechten vorne am Kopf. Dazu solltet ihr euer Pferd so kurz anbinden, daß es euch mit dem Kopf nicht ausweichen kann. In diesem Ausnahmefall darf man den Anbindestrick also etwas verkürzen.

Zum Einflechten der kurzen Mähne braucht ihr einen Mähnenkamm und Gummibänder. Die Gummibänder kann man in Reitsportgeschäften extra fürs Einflechten der Mähne kaufen.

Ihr beginnt also vorne am Kopf und nehmt eine kleine, etwa einen Zentimeter breite Strähne in die Hand. Die kämmt ihr schön

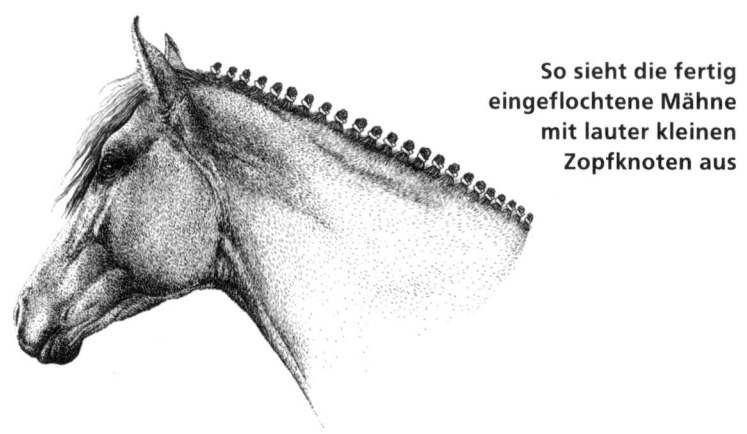

So sieht die fertig
eingeflochtene Mähne
mit lauter kleinen
Zopfknoten aus

glatt und flechtet einen kleinen Zopf. Um den Zopf schlingt ihr
unten einmal das Gummiband. Dann legt ihr das Zopfende in einer Schlaufe an den Zopfanfang und schlingt das Gummiband
noch ein- oder zweimal herum – fertig ist der kleine Zopfknoten! Wenn ihr euer Pferd besonders schön haben wollt, könnt
ihr über das Gummiband noch ein Einflechtband kleben oder
fertige Einflechthülsen über den Zopfknoten streifen.
So geht ihr jetzt weiter bis zum Widerrist vor. Das ist eine ganz
schöne Arbeit, und es können einem dabei die Arme richtig
lahm werden. Aber dafür sieht das Pferd beim Turnier dann
auch richtig schön und gepflegt aus!

Wenn euer Pferd eine lange Mähne hat, die ihr nicht abschneiden wollt, könnt ihr auch die langen Haare zu einem dicken seitlichen Zopf flechten.
Dazu nehmt ihr vorne am Kopf drei Haarsträhnen in die Hand
und schlingt sie einmal wie zu einem Zopf. Dann faßt ihr von

Lange Mähnen kann
man zu einem dicken
seitlichen Zopf
flechten

oben immer eine weitere Haarsträhne dazu, so daß der Zopf eng am Mähnenkamm anliegt. Vorsicht: Ihr müßt aufpassen, daß ihr den Zopf nicht zu eng flechtet, sonst sieht er nicht schön aus.

Das ist eine ganz außergewöhnliche Art, auch ein Pferd mit langer Mähne auf dem Turnier schön zu präsentieren!

Die Reiter der portugiesischen Lusitanos flechten ihren Pferden die Mähnen zu Festtagen auf diese Art ein und schmücken sie dann noch mit einem dicken Seidenband, das sie oben auf dem Mähnenkamm befestigen. Das sieht besonders toll aus, ist allerdings für Turniere nicht geeignet – vielleicht aber für einen anderen festlichen Anlaß?

Bei manchen Ponyrassen flicht man die Mähne auch im Rautenmuster ein – obwohl die meisten Ponys mit einer offenen Mähne eigentlich schöner aussehen; aber das ist Geschmackssache.

Für das Rautenmuster flechtet ihr einen Zopf, bis er etwa eine Handbreit lang ist. Ihr schlingt ein Gummiband oder einen Kle-

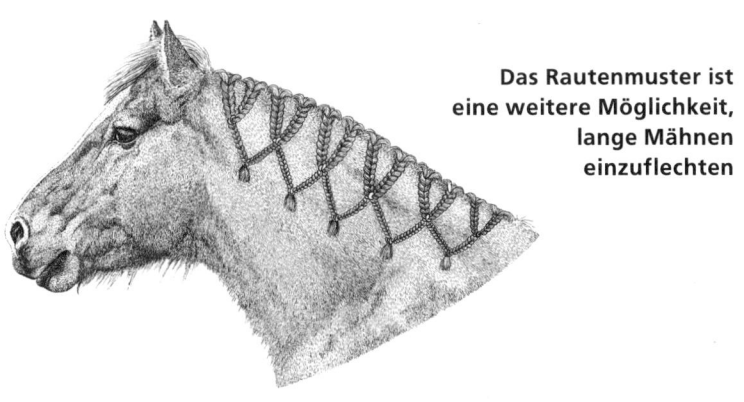

Das Rautenmuster ist
eine weitere Möglichkeit,
lange Mähnen
einzuflechten

bestreifen unter das geflochtene Stück und flechtet den nächsten Zopf genau in derselben Länge. Die noch nicht geflochtenen Haare beider Zöpfe hängen lose herunter. Jetzt beginnt die zweite Reihe: Ihr nehmt vom ersten Zopf die Hälfte der Haare und dazu die Hälfte der Haare vom zweiten Zopf. Diese Haare flechtet ihr jetzt zusammen und befestigt sie wieder mit einem Gummiband oder einem Klebestreifen, wenn die zweite Reihe etwa eine Handbreit lang ist.

So macht ihr weiter, zum Schluß habt ihr ein schönes Rautenmuster. So hat man die Mähnen der Pferde schon im Mittelalter eingeflochten!

SCHWEIF EINFLECHTEN

Manche Reiter flechten ihren Pferden vor einem Turnier den Schweif ein, damit er am Turniertag „schön wellig" fällt. Sie wissen wohl nicht, daß bei Pferden ein glatter Schweif das Zeichen von Adel ist! Gewellte und krause Schweife haben vor allem

Pferde mit einem gewissen Kaltblutanteil und manche Ponys. Das bedeutet natürlich nicht, daß ein Pferd mit einem gewellten Schweif weniger schön ist – ganz bestimmt nicht! Was wäre ein Friese ohne seinen prächtigen, buschigen schwarzen Schweif oder ein Haflinger ohne seine gewellte helle Mähne! Aber diese Eigenschaften gehören zu bestimmten Pferderassen. Zum üblichen Turnierpferd, also einem Warmblutpferd mit einem gewissen Vollblutanteil, gehören sie ganz eindeutig nicht.

Wenn hier vom Einflechten des Schweifes die Rede ist, ist auch

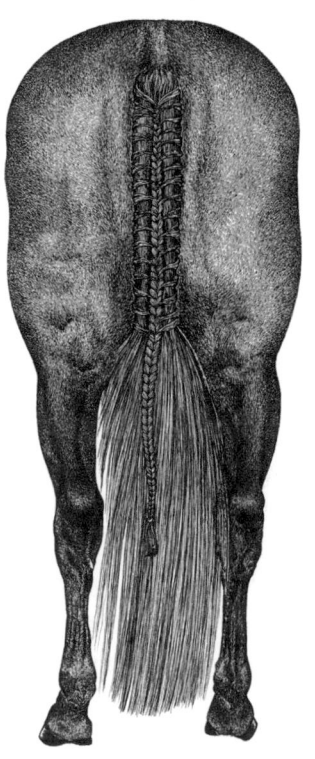

Mit einem so eingeflochtenen Schweif könnt ihr euer Pferd auf jeder Veranstaltung präsentieren

etwas ganz anderes gemeint: ein kleiner feiner Zopf, der über dem ansonsten offenen Schweif nach unten verläuft. Ein solcher Zopf sieht schick aus, und man braucht dem Pferd dafür nicht den Schweif seitlich abzuschneiden oder gar die Schweifrübe zu rasieren.

Diesen Zopf flechtet ihr so: Ihr nehmt ganz oben an der Schweifrübe von rechts und links ein paar Haare und flechtet sie zusammen, indem ihr immer wieder von beiden Seiten Haare dazunehmt. So entsteht über der Schweifrübe praktisch ein feines Netz.

Sowie die seitlichen Haare länger werden, hört ihr damit auf und nehmt euch aus der Schweifmitte ein paar ganz lange Haare. Mit denen flechtet ihr dann den Zopf so weit, wie die Haare reichen.

Jetzt habt ihr einen Zopf, der oben dick über der Schweifrübe liegt und sie sehr sauber und gepflegt aussehen läßt. Und nach unten hin ziert der Zopf den locker fallenden Schweif – sieht toll aus!

SCHWEIFRÜBE SAUBER SCHNEIDEN

Das Schneiden der Schweifrübe ist eine schreckliche Unsitte. Man schneidet dabei die Haare, die oben seitlich an der Schweifrübe wachsen, ganz kurz. Viele Leute rasieren sie sogar völlig ab! Warum?

Der Schweif soll dadurch angeblich eleganter aussehen, weil er schmäler wirkt. Dabei hat es schon seinen guten Grund, daß die Haare am Schweifansatz ein kleines Dach bilden. Unter diesem Dach liegt nämlich der After, und der soll unter anderem vor Fliegen und Nässe geschützt werden. Wenn die Seiten des Daches jetzt wegrasiert werden, ist auch der Schutz weg. Und die Pferde können sich gerade an dieser Stelle beispielsweise überhaupt nicht gegen Fliegen wehren, denn nach oben können sie mit den langen Schweifhaaren nicht schlagen.

Wer auch nur ein bißchen darüber nachgedacht hat, *warum* die Haare hier so dicht sind, wird sie lang lassen.

Für ein Turnier kann man die Haare immer noch schön einflechten – das ist allemal besser als eine kahle Schweifrübe!

HUFE LACKIEREN

Seltsamerweise kann man in manchen Reitsportgeschäften immer noch Huflack kaufen. Dabei ist dieser Lack für die Hufe ganz bestimmt nicht gesund, und er sieht auch ziemlich künstlich aus. Ein gesunder und gepflegter Huf hat einen feinen natürlichen Schimmer – der sollte eigentlich ausreichen!

Wenn ihr aber an einem bestimmten Tag euer Pferd ganz besonders schön haben wollt, könnt ihr die Hufe dünn einfetten. Bedenkt aber, daß sich auf der Fettschicht auch leicht der Staub festsetzt! Ihr solltet die Hufe daher schon ein paar Stunden vor dem Satteln einfetten. Das überschüssige Fett entfernt ihr dann direkt vor dem Reiten mit einem Lappen – dann glänzen die Hufe noch, stauben aber nicht so schnell ein.

KRUPPE MIT SCHABLONE VERZIEREN

Besonders bei Pferden mit einer breiten Kruppe, also bei allen Ponys und bei schweren Warmblutpferden, sieht es toll aus, wenn die Kruppe mit einem Muster verziert ist.

Um dieses Muster zu erhalten, muß man eine Schablone ver-

Schönheitspflege für Pferde

So bürstet man
mit Hilfe einer
Schablone ein
Muster auf die
Pferdekruppe

wenden. Man bekommt sie im Reitsportgeschäft. Auf der Schablone sind diejenigen Stellen ausgespart, an denen die Haare später gegen die Fellrichtung stehen sollen. So entsteht dann das Muster.

Und so funktioniert es: Nach dem Putzen macht ihr die Kruppe leicht feucht und bürstet sie glatt. Dann legt ihr die Schablone auf und bürstet kräftig gegen die Fellrichtung – am besten so lange, bis die Haare trocken sind. Die stehen jetzt leicht gegen den Strich und bilden zusammen mit den glatten Haaren, die ja von der Schablone plattgedrückt wurden, ein Muster.

Ihr solltet das Muster nach dem Turnier aber wieder glattbürsten, denn sonst können die Haare abbrechen. Zum Glätten macht ihr die Haare nochmals leicht feucht und bürstet sie wieder in Fellrichtung.

SALBEN, SPRAYS UND SCHMINKE

Habt ihr schon mal Pferde auf großen Schauveranstaltungen, beispielsweise auf einer Araberschau, gesehen? Sie funkeln und glitzern am ganzen Körper, und um ihre Nüstern hat man Öl geschmiert, damit sie noch stärker glänzen. Die Augen sind mit Kajal geschminkt, damit sie größer und feuriger wirken, und die feinen Härchen in den Ohren sind ausrasiert, damit die Ohren feiner aussehen.

Wenn man so etwas sieht, fragt man sich: Was macht die Schönheit eines Pferdes aus? Künstlicher Glitzer und Glimmer oder der natürliche Glanz des Fells, die selbstbewußte Haltung des Pferdes und der offene Blick?

Selbstverständlich soll ein Pferd gepflegt und sauber sein, wenn es geritten oder in einer Prüfung vorgestellt wird. Man kann auch ein bißchen „manipulieren", indem man etwa die Mähne etwas verkürzt oder sie einflicht.

Aber muß man ein Pferd schminken? Muß man ihm Glanzspray aufs Fell sprühen? Man sollte meinen, daß das nur Pferde nötig haben, die ohne Hilfsmittel keinen Glanz im Fell haben ...

Schminke und Glanzspray fürs Fell solltet ihr einfach beiseite lassen – so etwas ist nicht nötig, wenn euer Pferd gut gepflegt ist. Eine Ausnahme gibt es: Bei manchen Pferden sind Mähne und Schweif extrem trocken. Da kann man bürsten und bürsten – und immer noch stehen die Haare wie ein Besen. Hier dürft ihr in Ausnahmefällen mal Mähnen- und Schweifspray verwenden. Dadurch wird das Haar glatter, es läßt sich leichter bürsten und glänzt.

Auf alle anderen künstlichen „Schönheitsmittel" für Pferde solltet ihr aber verzichten. Ein gut gepflegtes Pferd macht überall einen unauffälligen, aber feinen Eindruck, der viel nachhaltiger ist als der strahlende Glanz eines mit Sprays und Salben aufgepeppten Pferdes.

So wäscht man Pferde

Mit einem speziellen Aufsatz am Ende des Wasserschlauchs könnt
ihr die Stärke des Wasserstrahls regulieren. Ein harter Strahl ist den
Pferden unangenehm und kann ihnen sogar weh tun

So wäscht man Pferde

Gerade Pferde, die bei der Arbeit schwitzen, brauchen eine gründliche Reinigung der Haut. Dazu gehört es auch, daß man sie ab und zu wäscht.

Aber Vorsicht: Manche Pferde haben Angst vor dem Wasserschlauch. Andere mögen es gar nicht, wenn ihnen die Wassertropfen am Bauch herunterlaufen.

Bevor ihr also ein fremdes Pferd wascht, solltet ihr euch erkundigen, ob es das auch wirklich gern mag. Sonst laßt es lieber sein! Denn ein Pferd, das Angst vor dem Wasser hat, kann ganz schön in Panik geraten.

WAS MAN ZUM WASCHEN BRAUCHT

Auf jeden Fall braucht ihr natürlich Wasser – viel Wasser, und zwar sowohl lauwarmes als auch kaltes. Außerdem benötigt ihr einen großen **Schwamm**, eine grobe **Bürste** oder einen **Gummistriegel**, ein **Schweißmesser** und **Shampoo**.

Ihr könnt gutes Haarshampoo verwenden, wie ihr es selbst benutzt. Wenn ihr euer Pferd allerdings öfter wascht, solltet ihr ein spezielles Shampoo für Pferde kaufen; das enthält noch mehr Pflegestoffe, die ganz genau auf das Pferdefell abgestimmt sind.

TIP

Wenn ihr Haarshampoo für Pferde kauft, achtet darauf, daß es stark rückfettend ist. Das bedeutet, daß Haut und Haar auch nach dem Waschen mit einem feinen Fettfilm überzogen sind. Der schützt die Haut und gibt dem Fell Glanz.

NASS MACHEN UND EINSCHÄUMEN

Für das Waschen sucht ihr euch einen warmen und möglichst windstillen Tag aus, damit sich euer Pferd nicht erkältet. Dann bindet ihr das Pferd gut an und stellt euch alles zurecht, damit ihr zügig arbeiten könnt.

Es ist ein bißchen schwierig, Shampoo auf eine so große Fläche wie den Pferdekörper zu verteilen. Deshalb solltet ihr die Menge, die ihr benötigt, in einen kleinen Eimer geben und dort mit ein bis zwei Litern Wasser vermischen. So habt ihr mehr zum Verteilen.

Zuerst wird das Fell des Pferdes durchnäßt. Wie auch beim Abspritzen beginnt ihr an den Hinterbeinen und macht erst dann die Vorderbeine naß. Danach könnt ihr auch den Rumpf und den Hals mit Wasser benetzen. Hierfür nehmt ihr lauwarmes Wasser, denn kaltes Wasser wäre dem Pferd unangenehm. Außerdem löst sich das Shampoo in warmem Wasser besser, und auch das Abwaschen von Schmutz geht mit lauwarmem Wasser leichter.

TIP
Zum Entfernen von Mistflecken bei Schimmeln solltet ihr kein Haarwaschmittel verwenden. Denn auch das beste Shampoo trocknet die Haut auf Dauer aus – und leider befinden sich die Mistflecken ja meist an immer denselben Stellen.

Wenn das Fell richtig durchnäßt ist, verteilt ihr das Shampoo mit der Bürste. Danach könnt ihr das Pferd mit dem Schwamm richtig schön einschäumen. Anschließend bürstet ihr nochmals kräftig über die Haut, damit sich der Schmutz auch wirklich löst.

WASCHEN UND NACHSPÜLEN

Wenn das geschehen ist, müßt ihr den Schmutz und den Schaum aus dem Fell waschen – und ihr werdet euch wundern, wieviel Wasser ihr dafür braucht! Natürlich solltet ihr auch hier wenn irgend möglich lauwarmes Wasser nehmen.

Mit dem Abspülen beginnt ihr nicht unten an den Beinen, sondern oben an der Mähne, so daß die Schmutzbrühe am Pferdekörper hinunterlaufen kann. Zwischendurch streicht ihr das Wasser – immer in Fellrichtung – auch mal mit der Hand in langen Linien aus dem Fell. Dabei merkt ihr dann, daß immer noch Schaum im Fell ist – und der muß raus!

Wenn das Wasser endlich ganz klar ist, könnt ihr den Schlauch beiseite legen.

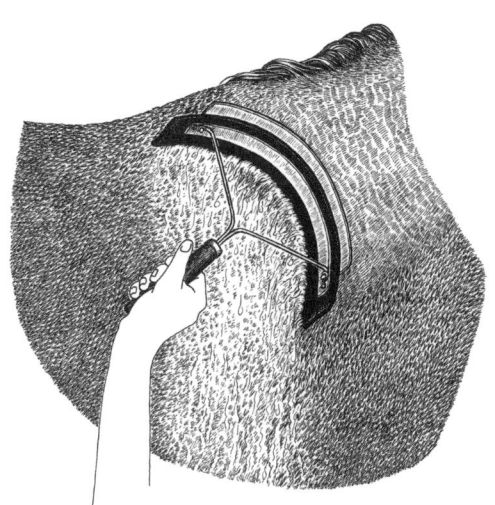

So zieht man das überschüssige Wasser mit einem Schweißmesser aus dem Fell

Jetzt müßt ihr das Fell mit dem Schweißmesser **abziehen**, wie es in der Fachsprache heißt. Dazu nehmt ihr das Schweißmesser und fahrt immer in Fellrichtung mit sanftem Druck auf dem Pferdefell entlang. Natürlich beginnt ihr wieder oben am Hals – vergeßt auch nicht die Stelle unter der Mähne! – und arbeitet euch dann in langen Strichen bis nach hinten und unten durch. So zieht ihr das überschüssige Wasser aus dem Fell.

NACHTROCKNEN

Am besten ist es natürlich, wenn ihr euer Pferd an einem schönen warmen Sommertag wascht und es dann an der Hand trockenführt. Das dauert etwa eine halbe Stunde.

Aber das geht leider nicht immer. Manchmal sind die Tage schon kühler, oder es weht ein leichter Wind. Dann könnt ihr eurem Pferd eine dicke Schicht Stroh auf den Rücken legen und eine Decke darüberbreiten. So eingepackt, geht ihr dann mit ihm spazieren.

Die Strohschicht wärmt den Rücken und saugt gleichzeitig die aufsteigende Nässe auf. Wenn ihr die Decke nach einiger Zeit abnehmt, ist euer Pferd trocken und warm.

Manche Ställe haben ein **Solarium**. Die meisten Pferde gehen gerne ins Solarium, weil ihnen die Wärme guttut. Auch hier können sie nach dem Waschen gut trocknen.

WÄLZEN NACH DEM WASCHEN?

„Bloß nicht wälzen", werdet ihr sagen, „jetzt ist mein Pferd gerade so schön sauber."

Natürlich habt ihr aus eurer Sicht recht: Wenn sich das Pferd jetzt mit noch halbfeuchtem Fell wälzt, ist es gleich wieder schmutzig.

Aber das Pferd massiert beim Wälzen seine Haut so kräftig, wie ihr es niemals könntet. Dadurch wird die Haut gut durchblutet, und das Fell trocknet schneller.

Es tut schon ein bißchen weh, zuzusehen, wie das Fell gleich wieder schmutzig wird. Wenn euer Pferd sich aber nicht gerade in einer Lehmpfütze wälzt, sondern auf kurzem Gras oder im Sand, dann ist das nur oberflächlicher Schmutz, der sich ganz schnell wieder ausbürsten läßt. Das Waschen war also sicherlich nicht umsonst, denn es hat ja den tief sitzenden Schmutz gelöst. Wenn ihr also an einem Tag mal genügend Zeit habt, solltet ihr eurem Pferd das Wälzen nach dem Waschen ruhig gönnen. Ihr werdet sehen: Das Putzen danach macht gar nicht so viel Arbeit – und für das Pferd ist das Wälzen ein Riesenvergnügen!

Pferdepflege - mehr als Saubermachen

Wichtiger als das Reinigen
des Pferdekörpers ist der liebevolle Kontakt zum Pferd

Pferdepflege kann viel mehr sein als das Säubern des Pferdes. Richtige Pflege fördert die Gesundheit des Pferdes, sie kann Massage sein – und oft ist sie auch der Ausdruck von Zärtlichkeit dem Pferd gegenüber.

Ich habe dieses Buch geschrieben und versucht, euch möglichst viel über Pferdepflege mitzuteilen. Jetzt möchte ich euch aber noch sagen, wie Pferdepflege bei mir manchmal aussieht.

Ich habe drei Pferde, die sehr unterschiedlich sind, und deshalb pflege ich sie auf ganz verschiedene Art und Weise.

Meine kleine Stute Salamanca ist sehr sensibel, sie kann nichts Grobes vertragen. Sie geht sofort zur Seite, wenn der Striegel mal etwas zu fest über ihr Fell fährt, und schaut mich dann ganz entsetzt an. Daher putze ich Salamanca sehr vorsichtig. Ihr fuchsfarbenes Fell glänzt fast von selbst, es braucht nur wenige sanfte Striche.

Dann habe ich noch ein Islandpferd – dem kann ich gar nicht fest genug putzen. Frodi findet es einfach toll, wenn ich ihn so richtig schrubbe und rubbele! Er stemmt sich dann gegen den Striegel, daß ich manchmal denke, ich falle gleich um. Frodis dicke Mähne kann ich zausen, seinen Mähnenkamm kräftig mit den Fingern kratzen – das mag Frodi.

Mein Schimmelchen, der kleine Pascha, ist mit seinen achtunddreißig Jahren ein ganz alter Herr. Pascha liebt es, wenn ich ihm mit dem Striegel sanft die Haut massiere, immer in Kreisen. Dann wird Paschas Kopf ganz schwer, er senkt ihn tief und schließt die Augen halb. Dadurch drückt er aus, daß er absolutes Wohlgefühl empfindet!

Pferdepflege – mehr als Saubermachen

Meine Pferde leben alle zusammen in einem großen Stall mit Auslauf. Manchmal beknabbern sie sich gegenseitig, wenn das Fell juckt, oder sie scheuern sich an einem Baum oder wälzen sich.

Sie alle wissen genau, wann es Arbeit gibt – und daß sie vor der Arbeit sauber geputzt werden. Manchmal aber hole ich mir den einen oder die andere in den Hof und putze sie „einfach so".

Und das mögen sie alle sehr, solche Schmusestunden. Dann habe ich nur Zeit für dieses eine Pferd. Ich putze an seinen Lieblingsstellen besonders lange.

Oder ich nehme mir die Zeit, die verwirrte Mähne meiner schönen, temperamentvollen Stute Haar um Haar zu entwirren und Salamanca dabei zu erzählen, wie es mir heute ergangen ist. Sie mag es gern, wenn ich leise mit ihr spreche und mich dabei mit ihr beschäftige.

Manchmal hole ich mir mein altes Pferdchen in den Hof und wasche ihm mit lauwarmem Wasser den Grind von der Nacht aus den Augen. Ich streiche über Paschas Fell und hebe vorsichtig und sehr langsam seine Hufe hoch – so ein altes Pferd braucht dafür Zeit. Pascha liebt so eine halbe Stunde „Pflegen" sehr und legt zwischendurch immer wieder seinen Kopf auf meine Schulter: „Geh nicht weg, hör nicht auf!"

Und gerade während des Fellwechsels hole ich mir oft Frodi und befreie ihn von unglaublichen Mengen losen Fells – von all dem Fell, das ihn sonst so jucken würde. Dann steht der sonst so rastlose Frodi absolut still.

Auch das ist Pferdepflege. Wir pflegen nicht nur Fell und Hufe, nicht nur das Äußere des Pferdes. Das Putzen und Säubern soll dem Pferd angenehm sein – aber mindestens genauso wichtig oder noch wichtiger ist der freundliche und zärtliche Kontakt zum Pferd.

Nur Pferde, die miteinander befreundet sind, beknabbern sich gegenseitig die Mähne oder das Fell. Wenn ihr euer Pferd pflegt, solltet ihr also darauf achten, daß ihr als Freund kommt ...

Die Autorin

Uta Over stammt aus einer Pferdezüchterfamilie in Mecklenburg-Vorpommern. Die bekannte Fachjournalistin hat mehrere Bücher veröffentlicht und schreibt seit vielen Jahren regelmäßig für verschiedene renommierte Pferdefachzeitschriften.

Uta Over setzt sich in all ihren Veröffentlichungen besonders für die artgerechte Pferdehaltung und für den liebevollen und verantwortungsbewußten Umgang mit Pferden ein. Die Autorin lebt mit ihren Pferden, Hunden und vielen anderen Tieren auf einem kleinen Hof in der Eifel.

Sachregister

Wissen rund um Pferde – Bücher für Pferdefreunde

In diesem Buch werden die wichtigsten Berufe rund um Pferde vorgestellt:
Welche Voraussetzungen muß man erfüllen, wie sehen Ausbildung und Berufsalltag aus, und welche Weiterbildungsmöglichkeiten gibt es?

Alles über die Pflege von Pferden: Wieviel Pflege brauchen Pferde? Was benötigt man zum Pferdeputzen? Ausführlich wird beschrieben, wie man Pferde richtig pflegt – von der Hufpflege über das Striegeln, Bürsten und Waschen von Pferden bis hin zur Schönheitspflege.

Ein Buch über den sanften und einfühlsamen Umgang mit Pferden. Die Autorin, die von Linda Tellington-Jones in der TTEAM-Methode ausgebildet wurde, erklärt ausführlich, wie man Pferde besser kennenlernt und durch sanfte Einwirkung Verspannungen und Probleme löst.

Der bekannte Pferdetierarzt Dr. Maximilian Pick schildert in diesem Buch die wichtigsten Pferdekrankheiten: Welche Krankheitsanzeichen treten auf, welche Behandlungsmöglichkeiten gibt es, und wie kann man vorbeugen? Dazu viele Informationen über pferdegerechte Haltung und Fütterung!